KB098029

공부하는 엄마들

공부하는 엄마들

김혜은, 홍미영, 강은미 지음

엄마가 공부하면
가정이 변화하고 세상이 바뀝니다

1

아침 일찍 공동체에 나가는 일이 잦아졌습니다. 오전부터 일찌감치 시작하는 공부 모임이 여럿 생겨났기 때문입니다. 직장인이 출근하는 시간에 맞춰 나오는 몇몇 분과 어울려 간단하게 청소를 한 뒤 체조와 명상까지 마치면 오전 10시 즈음, 공부 모임 참여자들이 속속 도착하는 시각입니다. 오늘 같은 금요일 오전이면 우리 공동체에서는 초보자를 위한 인문학 교실과 금요 영화 감상 모임 그리고 사진 공부 모임이 열립니다.

초보자를 위한 인문학 교실은 말 그대로 인문학 공부에 막

입문한 이들이 함께 공부하는 모임입니다. 오전에는 철학 입문 강의, 오후에는 문학, 역사, 철학, 종교, 교육, 문화예술, 정치, 경제, 자연과학, 생태 환경 등 다양한 분야의 책을 읽고 글을 쓰며 토론을 나눕니다. 점심시간에는 각자 한두 가지씩 가지고 온 반찬을 늘어놓고 공동체에서 지은 밥으로 식사를 합니다. 여러 사람이 가져온 반찬으로 커다란 책상은 금세 진수성찬이 되지요. 인문학 교실 참여자들은 이렇게 점심을 먹은 뒤 금요일 낮 시간 대부분을 공동체에서 공부하며 보냅니다. 이를 위해 참여자들은 일주일 동안 두세 권의 책을 읽고, 번갈아 가며 글을 한 편씩 준비합니다.

비평 중심으로 진행되는 사진 공부 모임도 숙제가 만만찮습니다. 문화센터의 사진 교실과 달리 사유하는 사진을 모토로 내건 만큼 합평은 치열합니다. 발로 뛰며 열심히 찍는 것으로 모자라 열심히 관련 책을 읽으며 공부해도 합평에서 칭찬을 듣는 것은 쉽지 않습니다. 금요 영화 모임은 이미 고전의 반열에 올랐으나 시중에서는 보기 어려운 명화를 구해 본 뒤 감상을 나누는 모임입니다. 영화를 감상한 뒤 자유롭게 이야기를 나누면 되는 데다 숙제 부담이 없으니 다른 두 모임에 비해 편안한 편이지요.

낮에 진행하는 공부 모임의 참여자 대부분은 여성입니다. 직장인이 주로 모이는 밤 시간만큼은 아니지만 그래도 이들의 직업은 다양합니다. 작가, 번역가, 연주자, 화가처럼 비교적 자유스러운 직업에 MBA를 마친 컨설턴트, 대학 교수가 있는가 하면 회계사와 변호사, 휴직 중인 판사, 기자와 PD 같은 전문직 종사자도 있습니다. 취업을 준비하는 청년이 있는가 하면 대학원에서 학문의 길을 걷는 연구자도 있습니다. 그래도 낮 시간에 공동체를 찾는 이 가운데 가장 많은 이는 역시 주부입니다. 특히 직장인이나 학생이 오기 어려운 오전 강좌나 세미나의 구성원은 주부가 압도적으로 많습니다.

그렇다면 주부 또는 흔히 아줌마로 불리는 이들은 어떤 사람일까요? 지금은 분위기가 많이 달라졌지만 우리 사회에서 오랜 세월 아줌마는 여성이 아닌 '제3의 성'이었습니다. 아줌마는 흔히 기혼 여성을 가리키는 말이지만 미혼 여성뿐 아니라 기혼 여성조차도 모욕적이라는 데 동의하는 호칭이었습니다. 지하철에서 다이빙하듯 몸을 던지며 자리다툼을 벌이는 뻔뻔스러운 여성, 뽀글뽀글한 파마와 세련되지 못한 화장에 뚱뚱하고 탐욕스러운 여성, 음식점이고 버스고 가릴 것 없이 큰 소리로 떠들면서도 창피함을 모르는 여성……. 치맛바람을 휘날리며 사교육 열풍을 불러온 것도 아줌마였고 부동산 투기의 주범도 아줌마였습니다. 오죽하면 청문회에서 부동산 투기나 위장 전입이 들통 난 고위 공직 후보자가 가장 많이 둘러대는 말이 '아내가 한 일로, 나는 모르는 일'일까요. 이들을 보는 시선은 인문학을 공부한 학자들도 다르지 않습니다. 3년 전, 인문학 공동체를 시작하며 잘 알고 지내던

한 대학 교수에게 강의를 부탁하자 첫마디가 "무식한 아줌마 앞에서 강의하기 싫다."였습니다. 예상치 못한 반응에 저는 "우리 공동체는 대부분 아줌마로 구성된 백화점 문화센터와 달리 대학생, 대학원생과 전문 직업인 등 수준 높은 참여자가 다수일 것"이라는 변명을 늘어놓았지요.

2

막상 공동체를 시작하고 보니 저의 궁색한 변명은 사실이 아니었습니다. 주부는 처음부터 학생, 직장인과 더불어 대안인문학 공동체 참여자를 구성하는 중요한 축이었습니다. 현재 저희 공동체에 꾸려진 60개 안팎의 인문학과 문화예술 강좌 및 세미나, 스터디에 참여하는 이들 가운데 가장 많은 건 아무래도 직장인입니다. 아직은 밤 시간에 진행하는 강좌와 세미나가 많은 데다 돈을 벌기 위해 일을 가진 사람은 모두 직장인이라고 할 수 있으니까요. 공동체를 찾는 사람들의 직업은 어림잡아도 100가지는 넘을 겁니다. 학생도 그렇습니다. 우선 중고생, 대학 학부생, 석사 과정생, 박사 과정생으로 분류가 가능하고 전공까지 따지면 훨씬 더 다양합니다. 대안인문학 공동체에 참여하는 그 세 축 가운데 유일하게 더 이상 나뉘지 않는 부류가 있습니다. 주부, 다시 말해 아줌마입니다. 그러니까 주부는 단일 직종으로 치면 가장 수가 많은 대안 인문학 공동체 구성원의 주류인 셈입니다.

이쯤에서 질문을 하나 하지요. 학생, 직장인, 주부 중에서 플라톤이나 칸트, 니체, 프로이트, 라캉, 푸코, 지젝 등의 난해한 이론을 가장 잘 이해하고 환호하는 이들은 누구일까요? 이 분야를 전공하거나 직업상의 필요로 전문적으로 공부한 이들은 예외로 칩시다. 답은 전문 직업인을 포함한 직장인이나 대학생, 대학원생이 아닙니다. 주부입니다. 주로 고학력 여성이 대안 인문학 공동체를 찾는 것을 고려한다 하더라도 이들의 지적 적응력은 예상 이상입니다. 전문 직업인도 머리에서 쥐가 나는 것 같다며 어려워하고 대학원생조차 힘들어하는 공부를 이들은 어렵잖게 받아들입니다.

이들은 강의 내용을 이해하는 것에 그치지 않습니다. 고급 철학을 포함한 인문학이든, 문화예술이든, 글쓰기든 가리지 않고 공부의 열정도 가장 뜨겁고 성취도 또한 빼어납니다. 지난해 우리 공동체에서 비슷한 시기에 시작한 세 개의 책 읽기, 글쓰기 세미나만 해도 그랬습니다. 공교롭게도 이 세미나는 비슷한 성격이면서도 직장인이 주축인 세미나, 대학생과 대학원생 들로만 구성된 세미나, 주부가 대부분인 세미나로 나뉘었지요. 이 중에서 책 읽기와 글쓰기를 가장 즐기며 치열하게 한 모임은 단연 주부가 주축인 세미나였습니다. 시작 당시만 해도 대학생, 대학원생 들에 비해 어수선하던 주부들의 글쓰기는 머잖아 그들을 추월했고 일부는 전문 글쟁이 수준에 근접했습니다. 대안 인문학 공동체를 찾는 주부들의 공부를 향한 열정과 성취가 이토록 두드러지는 것은 무엇 때문일까요.

지금까지 우리 사회에서 주부의 성공은 남편이나 자녀를 통해서만 가능했습니다. 주부가 되는 순간, 한 인간으로서의 정체성은 엄마나 아내의 이름으로 가려지고 꿈이나 소망은 무시됐습니다. 그런 주부들이 자녀의 성공을 위해 치맛바람을 날리며 사교육 열풍을 일으키는 것은 단순한 모성애 탓만은 아니었습니다. 자녀의 성공이야말로 출구가 막히다시피 한 엄마의 유일한 자아 성취 방법이기도 했습니다. 다른 한편, 주부가 다투어 부동산 투기에 나선 것도 이것 이외에는 자신이 살아 있음을 확인할 방법이 없었기 때문이 아닐까요. 주부, 즉 아줌마의 탐욕이 사교육 열풍과 부동산 투기의 진원이 된 건 주부가 인간으로서 꿈조차 차압당한 사회적 소외 계층이자 약자라는 반증이기도 했던 겁니다.

이런 주부들이 치열하게 공부하는 이면에는 억압받고 소외된 삶에 대한 회한과 분노도 없지 않을 겁니다. 온갖 신산을 몸에 새긴 주부들에게 삶이 그대로 인문학 이론이 되는 건 아니지만, 인간의 성찰을 본령으로 하는 인문학 이론은 낯선 것이 아닐 수 있습니다. 『일본변경론』이란 책으로 알려진 우치다 타츠루도 "학창 시절 그리 난해하던 프랑스 구조주의 책들이 세상에 시달리며 수십 년 세월을 돌아 다시 읽어 보니 술술 이해되더라."라며 『푸코, 바르트, 레비스트로스, 라캉 쉽게 읽기』라는 책까지 쓰지 않았던가요. 우리 공동체의 어느 주부는 박사 논문을 집필 중인 연구자조차 난해하다며 고개를 흔드는 슬라보예 지젝 강의를 한 번 듣더니 그 강의의 핵심을 단번에 이해하고 자신의 언어로 설명하더군요. 비록 훈련이 필요한 난해한 개념어를 정확하게 쓰진 못했지만 강의 내용의 빠른 이해에는 강의하는 학자도 놀랄 정도였습니다.

3

여기, 세 주부가 있습니다. 지난해 초 우리 공동체의 책을 읽고 글을 쓰며 토론을 나누는 모임에서 만난 이들입니다. 대학을 졸업한 뒤 직장 생활을 하다 퇴직한 주부도 있고, 결혼 직후부터 전업 주부로 살아온 이도 있습니다. 이들 중 한 사람은 한동안 사업을 벌이기도 했고요. 또 다른 주부는 직장 생활하는 동안 자기 계발서를 탐독하며 이른바 성공을 위해 매진하기도 했습니다. 이제 40대 초반에서 중반인 이들 주부의 공통점은 하나, 인문학 공부에 빠졌다는 겁니다. 공부를 시작한 시기와 공부를 향한 열정은 조금씩 다르지만 공부를 즐긴다는 점에서는 같습니다. 겉보기에 단순 반복으로 여겨지는 공부의 묘미를 알고, 그 단순함에서 그 어떤 자극적인 놀이보다 흥미와 변화무쌍을 즐긴다는 이도 있으니 어느 정도 경지에 오르기도 한 셈이지요. 공부 자체에 목적을 두고 과정을 즐기는 이들의 자세는 수행승을 연상케 하기도 합니다.

그럼 이들에게 인문학 공부란 무엇일까요? 최근 인문학 붐이 일면서, 인문학이 지식 정보화 사회에서 가장 강력한 경쟁력인 창의와 상상력의 근원이란 말이 유포되고 있습니다. 이를테면 스티브 잡스가 스마트폰을 포함한 일련의 혁신적인 상품으로 세상을 뒤흔든 저력의 원천에는 인문학이 있었다는 겁니다. 하다못해 게임 프로그램 하나를 만들더라도 인문학적인 소양, 즉 신화나 역사에서 차용한 스토리텔링을 입힌 제품이 경쟁력이 있다는 식입니다. 맞습니다. 우리 사회의 돈 있는 사람들이면 누구나 한 번쯤 참여해 본 고가의 CEO 인문학 강좌도 실은 이런 인문학의 실용성과 상업성이 적절하게 결합한 상품이지요. 정부나 지방자치단체, 기업 등이 인문학 진흥을 위해 여러 가지 정책을 내놓고 실행하는 것도 반가운 일이 아닐 수 없습니다.

엄마의 공부가 아이의 학업에 도움이 되는 것은 예상치 못한 인문학 공부의 효과라고 할 수 있습니다. 방과 후 학원을 비롯한 사교육 현장을 강제 순례시키는 것보다 아이 공부에 더 효과적인 것은 공부하는 엄마의 뒷모습이라는 것이지요. 우리 공동체에도 그 사례는 흔합니다. 학원에 가거나 여타 사교육을 받지 않고도 학업 성적이 향상된 것은 아이들이 엄마와 더불어 공부를 즐기게 된 덕분이었습니다. 엄마가 텔레비전 드라마를 보는 대신 공부하는 모습은 아이에게 좋은 자극이 되기도 했을 겁니다. 흔히 사회 변화의 가장 큰 동인으로 교육의 변화를 꼽거니와, 엄마의 공부는 아이의 교육을 바꿀 수 있는 가장 효율적인 방법이기도 합니다.

하지만 이들이 공부하는 보다 큰 목적은 뒤늦게 밥이나 돈이 되는 인문학 지식을 습득하는 것에 있지 않습니다. 그러니 이들의 공부는 학점, 고시, 취업, 유학 등의 목적이나 승진 또는 여타 경제 가치와는 거리가 멉니다. 물론 이미 취업학원 정도로 전락한 제도권 대학의 공부와도 다릅니다. 오랜 혼돈과 방황 끝에 마침내 인문학의 길에 접어든 이들에게 공부는 자유를 향한 도정입니다. 기존의 지배 규범이나 상식, 습속에 질문하는 것이고, 삶의 새로운 가능성을 탐색하며 도전하는 일입니다. 존재의 아픔에 공감하며 함께 상처받는 일이고, 이를 새로운 언어로 발언하는 일입니다. 그리하여 무지와 무사유는 그 자체로 폭력이자 유죄라는 사실을 깨닫는 일이기도 합니다. 이들에게 공부는, 앎은 곧 실천이며 참여이기도 합니다. 앎과 삶의 일치를 위해 애쓰며 도전하고 상처받는 일이 마냥 행복할 수만은 없습니다. 불편하고 아픈

일도 많습니다. 그러나 그 상처에서는 새로운 생명이 자랍니다. 새로운 상상력과 창조적 지성이 잉태됩니다. 그리하여 스스로 자신을 정의할 수 있는 힘을 갖게 되고 자신이 어떤 존재인지 깨닫게 됩니다. 그러니 엄마의 공부는 다른 삶, 다른 세상을 꿈꾸는 일의 다른 말이기도 합니다. 다른 삶, 다른 세상을 현실화하는 일이기도 합니다. 엄마가 공부하면, 주부가 공부하면 나와 아이가 바뀌고 가정이 달라집니다. 혁명을 하는 것보다 더 근원적으로 세상이 흔들리고 변화합니다.

아직 공부가 모자라 책을 쓸 단계가 아니라며 한사코 물러서는 세 주부에게 책을 쓰시라고 등을 떠민 이유도 여기에 있습니다. 공부가 엄마에게, 주부에게 반드시 필요한 것이라면, 이 책으로 가능한 한 많은 주부를 공부의 길로 이끌어 보자는 뜻이었지요. 우리가 걷고 있는 이 공부의 여정이 참으로 아름답고 멋진 길이라며 소리쳐서 더 많은 주부, 엄마 들이 동참하게 하고 싶었습니다. 이렇게 시작한 일이 이제 마무리를 앞두고 있습니다. 몇 차례나 고쳐 쓰면서도 포기하지 않고 여기까지 이른 강은미, 김혜은, 홍미영 님 수고하셨습니다. 앞으로 계속될 공부 여정에 멋진 이정표 하나 만드셨네요. 참 훌륭하십니다. 열정 하나 믿고 달려들어 만든 첫 책이니 여러 가지로 미숙한 점도 많겠지요. 그래도 지금, 여기서 잘 즐기며 열심히 하셨으니 됐습니다. 이 책은 세상에 나서는 순간, 자신의 운명을 지닌 생명체가 되어 자신의 길을 갈 겁니다. 아무쪼록 이 책이 인문학을 공부하려는 주부, 엄마에게 유용하고 의미 있는 뭔가가 되기를 바라마지 않습니다.

서교동에서

대안연구공동체 대표 김종락

차례

Ⅰ 마흔에 다시 시작하는 공부

김혜은

1.

나는 공부하는 엄마다

나는 공부하는 엄마다. 친구들은 나이 마흔에 무슨 공부냐
고 묻는다. 공인중개사 같은 자격증을 대비하는 것으로 생각
해 어떤 자격증을 준비하느냐고 재차 묻기도 한다. 자격증을
준비하는 것이 아니라고 하면 대학원에 다니느냐고 또 묻는
다. 나는 자격증을 준비하지도 않고, 대학원에 다니지도 않
는다. 현재 내 공부에는 목표, 방향, 체계가 없다. 닥치는 대
로 한다. 꼭 읽어야 할 책도 없고, 기한에 맞춰 제출해야 할
리포트도 없다. 물론 시험도 없다. 손에 잡히는 대로 책을 읽
다가 소개된 다른 책들을 연결해서 읽다가 좀 더 깊이 있는
공부가 필요하다고 생각되면 강좌를 찾아가서 듣는 것이 내
공부 방식이다. 학창 시절의 내 모습을 기억하는 친구들은

뜬금없다는 반응이다. 네가 공부를 좋아했나?

아이들이 공부를 좋아하고 잘하길 바랐다. 아이들의 공부 습관을 잡아 주려고 서점과 도서관을 돌며 독서법과 공부법에 관한 책을 읽었다. 입시 전략을 세워 주는 책부터 공부의 근기를 잡아 주는 책까지 다양했다. 책을 읽다 보니 문득 학창 시절이 그리워졌다. 놓았던 공부의 끈을 잇기 위해 대학원 진학을 고민했다. 만만치 않은 비용도 문제였지만, 더 큰 문제는 무엇을 전공할지 아예 감이 없다는 거였다. 학부 때 생물학을 전공했지만 공부에서 손을 놓은 지 10년이 훌쩍 넘었고, 전공 공부를 계속하고 싶은 마음도 없었다. 막연하게 계속 공부하고 싶다는 생각만 있을 뿐 구체적으로 무엇을 공부하고 싶은지는 떠오르지 않았다.

여러 책을 읽다 고미숙의 『공부의 달인, 호모 쿵푸스』라는 책을 만났다. 200쪽 남짓한 얇은 책에는 '공부하거나 존재하지 않거나!'라는 부제가 달려 있었다. '공부'와 '존재', 잘 연결이 되지 않았다. 저자는 공부는 학생이라는 특정한 계층이 특정한 시기에만 하는 것이 아니라고 말했다. 인간답게 존재하려면 죽을 때까지 공부해야 한다고 주장했다. 평소 내가 가진 공부에 대한 믿음이 균열되는 순간이었다. 공부는 학생이 학교에서 선생님의 가르침 아래 하는 것 아닌가?

나는 학교와 공부의 권위에 주눅 들어 있었다. 공부를 하고 싶다는 막연한 욕구는 있었지만 학생이 아니기 때문에 할 수 없다는 생각과 공부를 하려면 학교에 가야 한다는 생각에 사로잡혀 있었다. 그러나 고미숙은 내가 공부해야 할 곳이라 믿는 학교가 결국 눈앞의 실리가 보이지 않으면 스스로 공부하지 않는, 사유하지 못하는 지적 주체를 양산한다고 비판했다. 공부는 눈앞의 실리를 따라가는 것과 과감히 결별하고, 낯설고 이질적인 삶을 구성하는 것, 더 나아가 삶과 우주에 대한 원대한 비전을 탐구하는 것이라고 했다. 거창했지만 왠지 멋있게 느껴졌다. 낯설고 이질적인 삶을 구성한다는 것이란 무엇일까? 삶과 우주에 대한 원대한 비전은 무엇일까? 나는 공부를 함으로써 지금과 다른 방식의 삶을 살 수 있을까?

새로운 세상에 눈뜨다

학교 밖에서도 공부할 수 있다는 것을 알게 되자 마음이 한결 가벼워졌다. 비싼 등록금을 내지 않고도 하고 싶은 공부를 할 수 있다는 자신감이 생겼다. 성적과 과제에 얽매여 쫓기듯이 공부하지 않아도 되니 실패가 두렵지 않았다. 책을 읽다 어려우면 덮어 두어도 되고, 흥미로운 주제를 만나면 확장해서 읽으면 된다. 긴 호흡을 가지고 공부를 하다 보면 깊이 있게 연구하고 싶은 주제를 만날 거라고 생각했다.

기약 없는 긴 여정을 함께 갈 친구가 필요했다. 친구와 스승을 만나기 위해 가까운 곳에 있는 인문학 공동체에서 공부를 시작했다. 이미 개설되어 있는 세미나와 강좌 수가 어림잡아도 십여 개는 되었다. 대학에서는 이미 정해진 커리큘럼 안에서 선택해야 하지만 공동체에서의 공부는 누구든 강좌나 세미나를 개설할 수 있는 장점이 있다. 공부할 친구만 모이면 자유롭게 모여 책을 읽고 생각을 나눌 수 있다. 게다가 월 2만 원이라는 저렴한 회비를 내면 모든 세미나에 참여할 수 있다. 『차라투스트라는 이렇게 말했다』와 같이 귀동냥만 했던 책으로 세미나를 진행할 때는 좋은 기회다 싶어 바로 참가 신청을 했다. 그러다 보니 매일 공동체에 출근하게 되었다. 나의 과한 열정이 염려가 되었는지, 세미나 개수를 줄이라고 조언하는 사람이 적지 않았다. 의욕만 앞세워서 시작하면 결국 지쳐서 중도 포기하는 경우가 많으니 무리하지 말라는 충고도 들었다. 그러나 남들이 뭐라고 하든, 나는 난생처음 참여한 인문학 세미나가 정말 재미있었다. 발제는 문제를 제기하는 것이고, 발췌는 내용을 요약하는 것이라는 것도 이때 처음 알았다.

혼자 책 읽는 습관에 길들여졌던 나는 수동적으로 저자의 논리를 좇아가기 급급했다. 책 한 권을 읽어도 덮고 나면 저자의 문제의식이 무엇인지, 이 책의 주제가 무엇인지 파악이 되지 않았다. 분명히 책은 읽었는데 어떤 책이냐고 물으면 대답할 말이 선뜻 떠오르지 않았다. 처음 해 보는 발제는 내

ㅣ마흔에 다시 시작하는 공부

용 요약에 그치는 발췌 수준이었고, 성급히 꺼낸 주장은 반박당하기 일쑤였지만 공부를 그만둬야겠다는 생각은 들지 않았다. 저자의 맥락을 따라가기 위해 독서 카드를 만들어서 내용을 요약해 수시로 읽어 보기도 했다. 그래도 여전히 책을 소화하는 일은 만만치 않았다. 곁눈질로 다른 사람들의 공부 방법을 배워 보기로 했다. 오랜 시간 공부를 해 온 동학들은 책을 읽으며 끊임없이 질문을 만들었다. 저자의 생각에 동의하는가? 저자의 문제의식은 무엇인가? 나의 문제의식은 무엇인가? 참고로 더 찾아봐야 할 자료는 없는가? 나는 끊임없이 읽고 질문했다. 책의 여백에는 읽는 중에 생긴 질문이나 생각을 적어 두었다. 읽다가 모르는 개념이 나오면 끈질기게 찾고 물어서 의문을 해결했다. 질문을 화두로 삼고 끝까지 밀고 나가기. 그것이 내 공부의 시작이었다.

세상에 못 읽을 책은 없다

인문학 공동체에서 공부를 시작한 지 반년쯤 지났을 때 사서四書(『논어』, 『대학』, 『중용』, 『맹자』) 원서 강독 수업이 개강되었다. 당시만 해도 사서가 뭔지 몰랐고, 한문으로 된 원전을 읽는 게 겁이 났다. 그러나 공부하고 싶었다. 사서 읽기를 통해 인문학 공부법을 제대로 배워 보리라 다부지게 마음먹었다.

공동체에서는 2년에 걸쳐 사서를 완독한다는 목표를 가지고 대학에서 교수님을 초빙해 수업을 진행했다. 첫해에는 『논어』, 『대학』, 『중용』을 배우고 둘째 해에는 『맹자』를 완독하기로 했다. 본격적으로 수업에 들어가기에 앞서 『논어집주』 원문을 교재로 받았는데 글자가 눈에 들어오지 않았다. 『논어』의 유명한 「학이」 편 첫 구절 "學而時習之 不亦說乎" (학이시습지 불역열호, 배우고 때때로 익히니 기쁘지 아니한가)도 어렵게 느껴졌다.

한문 원전 공부 초기에는 원문 읽는 것이 어려워 번역본에 기대어 읽었다. 원전은 띄어쓰기가 되어 있질 않다. 한자를 몰라서 못 읽는 것도 있지만 띄어 읽기가 안 돼서 원전 읽기가 더 힘들었다. 선생님은 이해가 되지 않아도 무조건 소리 내어 읽으라고 하셨다. 한 번, 두 번 횟수를 거듭하며 읽고 이해가 안 되면 번역본을 참고해서 읽고 또 읽었다. 익숙해지면 번역본을 덮고 원전으로 읽었다. 점차 원전의 힘과 재미를 느끼게 되었다.

시간이 흐르자 불가능할 것처럼 보이던 『논어』 읽기에 조금씩 진전이 보였다. 불과 몇 달 전만 해도 글자와 종이밖에 구별하지 못하던 내가 조금씩이나마 고전을 읽고 해석할 수 있게 된 것이 대견했다. '처음에는 어렵지만 조금씩 노력을 하면 되는구나. 무슨 일이든 시작 단계에는 왕성한 호기심을 가지고 덤비지만 어려워지면 고비를 넘기지 못하고 곧잘 포

ㅣ 마흔에 다시 시작하는 공부

기하곤 했던 내가 한문으로 된 원서를 읽다니!' 길을 가다 한자 간판이 나오면 피하지 않고 정면으로 맞서 읽어 내려고 시도했다. 하나둘씩 눈에 익은 한자가 보이기 시작했다. 원전으로 『논어』, 『대학』, 『중용』까지 읽고 나자 읽기에 자신감이 생겼다. 저자의 권위에 눌리지 않고, 책의 두께에 기죽지 않고 어떤 책이든 두려워하지 않고 일단 읽어 보자는 마음이 들었다. 2,500년 전 공자, 맹자의 책도 읽는데, 어떤 책이든 못 읽을까. "나, 원문으로 사서 완독한 여자야!"

비워야 채운다

몇 년 전 이사하면서 홀로 사시는 시어머니와 살림을 합쳤다. 시어머니 혼자 지내시는 집에 우리 네 식구가 합가하는 형태로 이사가 진행됐는데, 문제는 두 집 살림을 효율적으로 정리하는 일이었다. 시어머니의 묵은 살림은 시누가 어릴 적 찬 기저귀부터 남편이 학창 시절에 입은 옷까지 실로 다양했다. 살림을 정리하려고 펼쳐 놓고 보니 시어머니의 역사가 그대로 드러나는 듯했다. 물건마다 추억이 있는 것이라 막상 버리려 하니 시어머니의 아쉬움이 느껴졌다. 미련 때문에 쉽게 정리하지 못하시는 시어머니를 설득해서 불필요한 물건을 버려야 했다. 방마다 물건들이 점령한 공간을 정리하는 일은 짐작보다 쉽지 않았다. 홀로 살기에 작지 않은 공간이었지만 여기저기 쌓인 물건 탓에 집은 제 구실을 못하고 있었다.

집은 가족이 쉬는 곳이어야 한다. 집에 돌아와서 편안하게 휴식을 취하고 재충전을 해야 다음 날 건강하게 일상을 살아갈 수 있다. 그러나 눈에 보이는 물건들을 편리하고 예쁘다는 이유로 사들이다 보면 어느새 집은 가족이 쉬어야 할 공간이 아니라 창고로 전락하고 만다. 가득 쌓인 물건들은 더 넓은 공간을 필요로 하고, 넓은 집을 사려면 돈을 모아야 한다. 주객이 전도되는 것이다.

간신히 시어머니를 설득해서 오래되고 사용하지 않는 물건들을 버렸다. 묵은 채로 쌓여 있던 쓰레기가 5톤 트럭 한 대 분량은 족히 되었다. 온전한 자기 모습으로 돌아온 집은 본래의 기능을 충실히 수행하게 되었고, 시어머니 혼자 사실 때도 넉넉하게 느껴지지 않던 공간이 다섯이 함께 사는 지금은 되레 더 여유로워졌다. 불필요한 물건을 버리고, 필요한 물건만 놓고 사니 청소도 훨씬 간편했다. 매일 아침 30분 정도만 투자하면 집을 언제나 깨끗하게 유지할 수 있었다.

무엇이든 비어 있어야만 자기 역할을 다할 수 있다는 생각을 한 사람은 노자老子다. 노자는 빔, 즉 무無에 대해 말한다. 찰흙을 이겨 그릇을 만들 때는 그릇 속의 빈 곳이 있어야 그릇으로서 쓰임이 있다는 것이 노자의 주장이다. 우리 눈에

ㅣ 마흔에 다시 시작하는 공부

보이는 것이 사람들의 편리한 생활에 도움을 주려면 '무'가 제 역할을 해야 한다.

그릇과 같이 눈에 보이는 공간을 비어 있는 상태로 만들 뿐 아니라 시간에도 비어 있음이 필요하다. 나는 '시간이 돈 이다.', '시간을 아껴 써야 한다.'라는 말들을 떠올리며 스스 로에게 허투루 쓰는 시간을 허락하지 않았다. 삶에 정해진 모범 답안이 있다고 여기며 성공한 사람들의 비법을 읽고 실 천해 성공의 대열에 올라가고자 노력했다. 그러나 나는 남들 이 인정하는 성공을 손에 넣지 못했고, 이제 어떤 것이 성공 한 삶인지 스스로 묻고 있다.

새벽부터 밤늦도록 회사 일에 열중하는 동안 아이들이 크 는 모습을 보지 못했고, 쉬는 날에는 아이들을 떼어 놓고 혼 자만의 시간을 갖길 원했다. 무엇 때문에 결혼하고, 애를 낳 아 키우는지 모르니 우울한 마음만 커져 갔다. 숨 쉴 여유가 필요했다.

이제는 때로 쓸데없는 생각을 하기도 하고, 어제 본 드라 마 줄거리를 회상하며 내가 주인공이라고 상상하며 새롭게 이야기를 펼쳐 볼 수도 있다. 읽고 있는 책의 구절이 가슴속 에 와 닿으면 곱씹으며 산책할 수도 있고, 내 감정이 흐르는 대로 글을 써 볼 수도 있다.

성과를 내기 위해 빨리 배워서 남들보다 잘하려고 욕심을 부렸다. 실패가 두려웠기에 진전이 없으면 깨끗이 포기했다.

책을 읽을 때도 읽을 양을 미리 정해 두고 권수 채우기에 급급했다.

　몇 년 전 남편과 결혼 기념 여행을 다녀왔다. 우리 계획은 차를 빌려서 캘리포니아 일대를 보름간 일주하는 것이었다. 마음 가는 대로, 발길 닿는 대로 떠나는 여행이 우리 계획의 전부였기 때문에 항공편만 예약하고 출발했다. 머물고 싶은 만큼 머물며 여행이 주는 한가로움을 즐겨 보려 했다. 그런데 막상 도착하니 가 보고 싶은 곳이 한두 군데가 아니었다. 마음은 급하고 귀국 날짜는 다가오는데 땅덩어리는 왜 이리 넓은지. 가 보지 않고 돌아가면 두고두고 후회할 것 같았다. 출발 전에 느긋하게 쉬면서 여유 있게 즐기고 오자던 마음은 어느새 사라져 버렸다. 유명한 관광지를 최대한 많이 가 보려면 도착해서 사진 찍고 다음 장소로 이동해야 했다. 하루 천 킬로미터 이상을 운전하며 다니느라 여행하면서 뭘 봤는지 지금은 기억도 나지 않는다. 게다가 열심히 찍은 사진들은 컴퓨터에 저장을 잘못 했는지 사라져 버려 흔적도 없다. 무엇을 위해 그렇게 열심히 움직였는지 지금 생각하면 우습기만 하다. 타고르가 남긴 문장이 떠오른다.

　수년 동안
　비싼 값을 치르면서
　나는 수많은 나라를 여행했다.

높은 산과 대양을 보았다.
그러나 내가 보지 못한 것은
내 집 문 앞 잔디에 맺혀 있는
반짝이는 이슬방울이었다.

내 집 앞에서 반짝이는 이슬도 보지 못할 만큼 마음의 여
유가 없는 사람이 미국에 가서 무엇을 볼 수 있을까. 사랑하
는 가족의 얼굴과 내 마음의 소리를 듣지 못하는 사람이 철
학책을 읽는다 한들 무엇을 깨달을 수 있을까. 제대로 공부
하기 위해 먼저 해야 할 일은 공간을 비우고, 시간을 비우며
느긋하게 여유를 갖는 것이다.

공부하는 삶은 지루하지 않다

"자기 공부할 시간이 어디 있어?"
"나도 공부하고 싶지. 그렇지만 애들 키우려면 참아야지.
어떻게 나 하고 싶은 걸 다 하면서 살아?"
공부하는 엄마로 지내다 보면 주변에서 가끔 걱정하는 목
소리를 듣는다. 철학 공부할 시간에 아이들 잘 키울 궁리나
하라는 충고다. 책 읽을 시간에 학원 정보를 더 모으고 교과
서를 연구하며 어떻게 성적을 올릴지 고민하라고 한다. 물론

맞는 말씀이다. 나에겐 한창 공부 습관을 잡아 줘야 할 중학생과 초등학생, 두 아이가 있다. 아직 스스로 알아서 공부할 만큼 습관이 잘 잡힌 것은 아니기 때문에 숙제와 학교 진도를 잘 따라가는지 세심히 살펴야 한다.

나 역시 이따금 주변의 엄마들을 보면 위기감을 느끼고 내 공부는 몇 년 뒤로 미뤄야 하는 것이 아닌지 갈등한다. 아이의 시험 기간이 발표되면 함께 공부 계획표도 짜고, 학습 내용도 꼼꼼하게 짚어 줘야 할 것 같은 압박을 느끼기도 한다. 그러나 공부는 하고 싶다는 의지와 스스로 해 보겠다는 결심이 서지 않으면 좋은 결과도, 재미도 따라오지 않는다.

내가 아이들에게 해 줄 수 있는 일은 거실 책상에서 함께 책 읽고 공부하는 것이 전부다. 아이들에게 바람이 있다면, 엄마가 공부하듯이 각자 마음이 내는 소리에 귀 기울이고, 좋아하는 것을 찾아 공부하는 즐거움을 맛보는 것이다. 아직 아이들이 어려서인지, 다행히 엄마와 함께 거실에 앉아 공부하는 것을 좋아한다. 매일 저녁 셋이 마주 보고 책상 앞에 앉아 각자 읽을 책을 펴고 공부한다. 아이들은 공부하는 엄마를 자랑스러워한다. 이유를 물으니, 다른 엄마들과 달라서 멋져 보인단다. 예전에는 공부하라고 하면 "왜 나만 공부하라고 해?"라며 맞받아치던 작은 녀석도 어느새 "엄마가 공부하니까 이젠 나도 공부해야지."라며 제법 공부하는 시늉을 한다.

ㅣ 마흔에 다시 시작하는 공부

아이들 키우고 50대 중반쯤에 이른 주부들의 우울증이 심각하다는 얘기를 종종 듣는다. 그림자 노동을 하며 가족을 뒷바라지하는 주부들은 자식들이 독립할 즈음 심한 허탈감에 빠진다. 자신의 성공보다 남편과 자식을 통해 삶의 보람과 기쁨을 얻으려 하지만 엄밀히 말하면 남편과 자식이 성공했다 해서 주부의 삶이 완성되는 것은 아니다. 인생을 건강하고 즐겁게 살려면 스스로 노력해서 작은 일에서라도 성취감을 느낄 필요가 있다. 나는 다행히 공부를 통해 몰입의 즐거움을 느끼고 있다.

나는 글쓰기 세미나를 가장 좋아한다. 책을 읽고 에세이를 쓰면 정말 짜릿하다. 글을 쓰는 일은 고통스럽지만 써야 할 글이 있으면 몰입할 수 있어서 좋다. 머릿속에는 온통 글쓰기뿐이다. 몇 날 며칠에 걸쳐 쓰고 고치고 고민하다 보면 좋은 글이 나와 선생님께 칭찬을 받기도 한다. 최근에도 에세이를 제출하고 선생님께 잘 썼다는 메시지를 휴대 전화로 받았는데, 읽을 때마다 어찌나 뿌듯한지 저장해 두고 시시때때로 읽어 본다. 선생님이 해 준 칭찬 한마디 덕분에 내가 해냈다는 성취감이 오래도록 가슴에 남았다.

늦은 나이에 공부하는 사람들끼리 종종 '공부 총량의 법칙'이란 얘기를 하곤 한다. 인생에서 해야 할 공부는 정해져 있는데, 우리는 학창 시절에 열심히 하지 않았기 때문에 뒤늦게 해야 할 분량을 채우려고 공부하는 거라고. 표현이야 아무려면 어떻겠는가. 내가 좋아하는 일을 하고 살기에도 짧은 인생인데. 내가 뭘 하고 싶은지, 뭘 좋아하는지도 모르고 남들 눈에 좋게 보이는 대로 살려고 애쓰던 지난날보다 지금의 내가 좋다. 숟가락 들 기력만 있으면 죽는 날까지 책을 읽을 수 있을 것 같다. 지금은『논어』,『맹자』공부에 푹 빠져 있지만 어느 날 이 공부가 시들해지면 그때는 다른 재미난 공부를 찾아서 하면 된다. 짧은 인생에 할 공부가 없어 못하겠다는 말은 감히 하지 못할 테니 앞으로는 공부를 즐길 일만 남았다.

2.

오늘도 읽는다

독서는 하루아침에 되는 것이 아니다

책 읽고 공부하다 보면 종종 나 자신에게 실망할 때가 있다. 글자는 읽는데 내용이 머릿속에서 전혀 이해가 되지 않거나 분명히 처음부터 끝까지 읽었는데 책을 덮고 나면 뭘 읽었는지 기억이 나지 않을 때 드는 실망감은 이만저만한 고역이 아니다. 중고 서점에서 괜찮은 책을 발견하고 기쁜 마음으로 사들고 왔는데 책장에 같은 책이 꽂혀 있는 것을 발견한 경우도 한두 번이 아니다. 심지어 열심히 읽고 메모까지 한 것을 발견했을 때의 충격이란. 책장에 꽂힌 책들을 분명히 읽은 것 같은데 무슨 내용이었는지 머릿속이 깜깜할 때면 스스로 바보 같다는 자괴감마저 든다. 그런데 이런 상황은 나만의 문제가 아니었나 보다. 쇼펜하우어는 "독서한 내용을 모두 잊지 않으려는 생각은 먹는 음식을 모두 체내에 간직하려는 것과 같다."라는 말을 했다고 한다. 조금 위안이 된다.

게다가 어려운 인문학 책들은 당장 내 삶에 유용한 기술을 알려 주는 게 아니다 보니 때로는 읽어서 뭐하나 싶기도 하다. 그래도 힘들여 책을 읽은 덕분인지 나도 모르는 새에 조금은 성장했구나 하고 뿌듯해질 때가 있다. 읽은 책이 어떻게 머릿속에 들어가서 체계적으로 정리되고 지식으로 축적되는지 정확하게 설명할 수는 없지만 공부를 하면서 스스로 변화하고 있음을 감지한다. 호흡이 긴 책들을 읽다 보니 안절부절못하는 조급증이 조금은 가신 것 같기도 하다. 지금 좋은 일이 훗날 좋지 않은 일로 변할 수도 있고, 좋지 않은 일이 새로운 기회를 만들 수도 있다는 느긋한 마음도 생겼다.

철학자 김영민은 『공부론』에서 공부란 실로 돌이킬 수 없는 '변화'라고 했다. 공부하여 변화된 나는 어제의 나로 돌아갈 수 없다. 공부의 길 위에서 끊임없이 변화하며 나아가는 것밖에는 달리 길이 없다.

책을 읽을 때마다 책에 있는 중요한 내용을 몽땅 머릿속에 기억해 두지 않으면 안 될 것 같은 초조함이 있었다. 책을 읽으면서 밑줄을 긋고, 독서 카드를 만들어 꼼꼼히 기록하고 쌓아 두었다. 그런데 이 방법은 책 읽기의 흐름을 끊고, 무엇보다 카드를 정리하느라 팔이 아프고 시간이 많이 소요되었다. 더군다나 힘들게 작성한 독서 카드는 자리만 차지할 뿐 무용지물이었다. 왜 나는 책을 읽고 기억을 잘 못하는 것일까?

세미나를 하다 보면 같은 책을 읽어도 사람에 따라 받아들이는 내용에 차이가 있음을 알게 된다. 나는 예민하게 받아들이지 못한 구절이 어떤 이에게는 질문이 되어 끊임없이 저자의 사유를 의심하거나 관련 자료를 찾아보는 계기가 되기도 한다. 이 차이는 무엇일까?

함께 공부하는 동학들과 나의 지적 수준과 책 읽기를 비교하다 '나는 머리가 나쁜가 보다.' '역시 나에게 공부는 무리였어.'라는 좌절감이 생겼다. 공부를 그만둬야 하는 게 아닌지 심각하게 고민하기도 했다.

결론적으로 나는 성급했다. 쉽게 성과를 얻으려 했다. 여느 일처럼 책 읽기도 오랜 시간에 걸친 훈련이 필요하다. 어떤 기술이든 시간과 노력을 쏟아야 기대하는 성과를 얻을 수 있다. 그림 그리기든 악기 연주든 하루아침에 되는 것은 없다. 한글을 깨우쳤다고 해서 읽기 능력이 함께 생기는 것이 아닌데 나는 이 사실을 착각했다. 글자를 읽을 수 있는 능력과 독해력은 별개다. 읽은 내용을 이해하고 내 것으로 만들려면 오랜 시간 반복적으로 훈련해야 한다.

독서법을 다루는 책은 효과적인 독서 기술을 가르쳐 준다. 단어를 읽지 말고 문장으로 읽어라, 저자와 끊임없이 대화하면서 읽어라 하고 조언한다. 그런데 이런 말들은 어디까지나 조언일 뿐이다. 스스로 오랜 시간에 걸쳐 읽고 깨우치면서 나에게 맞는 방법을 찾아야 한다. 서툴더라도 조금씩 읽고 정리하면서 나에게 맞는 방법을 찾다 보면 자료가 쌓이고 머릿속에 남는 구절이 생긴다. 혹 아무리 읽어도 이해가 되지 않는 생소한 구절이 있더라도 너무 실망하지 말고 '인간은 망각의 동물이니까.' 하고 스스로 위안하며 다시 읽으면 된다.

오랜 시간에 걸쳐 꾸준히 읽은 사람과 그렇지 못한 사람은 '사유의 그물'의 촘촘함이 다르다. 책을 읽고 생각한 것이 쌓이면 같은 책을 읽어도 사유의 그물에 걸리는 것이 많아진다. 책을 꾸준히 읽지 않은 사람의 그물은 성글게 마련이어서 놓치고 흘려버리는 것이 많다. 그물을 촘촘하게 하려면 시간을 쌓으며 꾸준히 책을 읽고 생각하려고 노력하는 길밖에 없다. 독서법 책 한두 권 읽어서 해결되는 문제가 아니다.

"배고프면 밥 먹고 졸리면 자고 나머지 시간은 책을 읽어라."

공동체에서 만난 선생님이 하신 말씀이다. 처음에 이 말을 들었을 땐 그렇게까지 해야 하나 싶었다. 나는 학자도 아니고, 논문을 준비하는 대학원생도 아니며, 그저 취미 삼아 공부하는 주부일 뿐인데 너무 과한 요구라고 생각했다.

일주일에 네다섯 가지 세미나에 참석하다 보니 자연스럽게 책 읽는 시간이 늘어났다. 세미나에서 읽는 책들은 책장이 쉽게 넘어가지 않았다. 꼼꼼하게 책을 읽고 준비해 가지 않으면 세미나 시간에 꿔다 놓은 보릿자루마냥 멍하니 앉아 있다 와야 했다. 세미나의 목적이 무엇인가? 혼자 읽기에 버거운 책은 내용을 잘못 이해하거나 문맥을 짚지 못하고 헤맬 때가 많다. 그럴 때 세미나를 하면 다른 사람들과 이야기하면서 책 내용을 좀 더 명료하게 이해할 수 있다. 혹은 책을 읽으면서 생긴 의문을 두고 토론하면서 내 생각을 정리할 수 있다.

그러나 이런저런 일들로 책 읽기에 소홀해지면 세미나 시간에 토론을 제대로 할 수 없다. 다른 사람의 이야기를 전혀 이해하지 못하거나 혼자 맥락을 잡지 못하고 헤맬 수도 있다. 꼼꼼하지 못한 책 읽기는 두루뭉술한 감상만 늘어놓아 다른 사람으로부터 구체적으로 이야기해 달라는 지적을 받기도 한다.

세미나 준비를 알차게 하기 위해 자연히 나의 하루는 책 읽기와 공부를 중심으로 재배치되었다. 공부 시간이 쌓이고 경험이 늘자 일상을 단순하게 유지하라는 선생님의 말씀을 이해하게 되었다. 집중해서 공부할 시간도 확보하고, 가사일도 소홀히 하지 않기 위해 삶의 공간을 효과적으로 바꿔 보기로 했다. 우선 몇 년간 부지런히 사 모은 책부터 찾기 쉽게 정리해야 했다. 가지고 있는 책들을 수용할 수 있도록 책장을 짜고, 필요하지 않은 책은 중고 서점에 팔았다. 이후 우리 집에 온 사람들이 우리 집에 '공부하는 집' 혹은 '도서관'이라는 별칭을 붙여 주었으니 공간 배치는 성공한 듯하다.

공간이 바뀌니 내 일상의 중심에 공부가 자리 잡았다. 가족들이 직장으로 학교로 나가고 난 뒤 아이들이 귀가할 때까지 나에게 허락된 자유 시간을 오롯이 공부에 쏟았다. 하루 네다섯 시간은 공부에 집중할 수 있었다. 할 일 없이 백화점에 구경을 가거나, 텔레비전을 켜고 채널을 돌리는 것보다 책 읽는 일이 더 재미있었다. 오늘은 책 속에서 무엇을 발견하게 될까. 무릎을 치게 만드는 문장은 어떤 것이 있을까 하는 기대감에 책을 손에서 놓지 못했다. 자연스럽게 책 읽기를 제외한 다른 일들은 정리되어 갔다. 물건을 고르더라도 꼭 필요한 것만 사는 습관도 생겼다. 필요하지 않지만, 있으

ㅣ마흔에 다시 시작하는 공부

면 좋은 물건을 구입하면 관리하고 정리하는 데 시간을 쏟아야 한다. 그래서 구입 전에 다시 한 번 생각하고, 사지 않게 되니 살림이 점점 단출해졌다. 살림이 단출해지니 정리와 청소에도 많은 시간이 들지 않게 되었고 시간이 생기니 다시 책 읽기에 쓸 수 있었다.

대학을 졸업하고 십여 년간 사회생활을 하며 앞만 보고 질주했다. 어디로 가고 있는지, 어떻게 살고 싶은지 물어볼 여유는 없었다. 앞서 달리는 사람의 뒤통수만 바라보며 '언젠가는 나도 저렇게 될 거야.'라는 막연한 목표만 있었다. 쏜살같이 흘러가는 시간 속에 초조해하며 나이 드는 것을 두려워했다. 쫓기듯 살다 정신을 차리고 보니 어느새 마흔을 바라보는 나이가 되었다. 공자는 마흔에 이르면 흔들리지 않는 불혹不惑이라 말하고, 맹자 역시 마음이 움직이지 않는 부동심不動心을 갖게 된다고 했는데, 나는 끊임없이 좌절하고 비틀거렸다.

치열하게 살던 예전과 달리 요즘의 삶에 치열함은 없다. 시계를 확인하지 않아도 좋을 만큼 시간은 느리게 간다. 빨리 이루고자 했지만 늘 도달하지 못한 지난날의 경험을 통해 무엇을 하든 시간과 함께 푹 삭혀야 함을 깨달았다. 공부는 시간과 더불어 가는 것이다. 시간과 함께 걸어가는 지난함을 견디겠다는 마음이 공부의 길을 붙잡아 준다. 시간과 함께 지치지 않고 걸어가는 방법은 단순하게, 더 단순하게 일상을 배치해서 공부로 에너지를 모으는 것뿐이다.

한 평 놀이, 독서

　배고픔과 추위를 잊게 하고, 근심과 번뇌를 없애며, 기침을 낮게 하는 것이 독서가 갖는 장점이라고 이덕무는 말했다. 몽테스키외는 한 시간 동안 책을 읽은 후에도 사라지지 않는 엄청난 큰 슬픔을 본 적이 없다고 했다. 내가 생각하는 독서의 장점은 다음과 같다. 혼자서 즐길 수 있고, 넓은 공간이 필요하지 않다. 앉아서 읽을 수 있는 한 평 정도의 공간이면 충분하다. 많은 돈이 들지 않는다. 책 한 권 값은 2만 원 안팎이다. 게다가 요즘은 도서관이 많아서 빌리기도 쉽다. 동시에 다양한 분야를 함께 읽을 수 있다. 경제적으로 부담이 없으니 여러 권을 동시에 조금씩 읽는 재미도 쏠쏠하다. 마지막으로 가장 큰 장점은 깨달음의 기쁨을 준다는 것이다. 책을 읽다 보면 모호했던 개념들이 정리되어 명료해지는 경험을 할 때가 있다. 시력이 나빠서 모든 사물이 흐리멍덩하게 보였는데 안경을 쓰고 세상을 좀 더 또렷하게 보게 된 것 같은 기분이다. 책을 읽어 깨달음을 맛보고 난 뒤의 세상은 그전과 다르게 보인다. 이때 맛보는 기쁨과 즐거움이 계속해서 책을 읽게 만든다.

나이를 먹을수록 몸을 움직여 얻는 즐거움에 시들해져 가는 것 같다. 젊은 친구들의 유행을 따라가려고 클럽에 가서 하룻밤 몸을 흔들며 놀아 봤지만 재미없었다. 무리하게 밤을 새우며 북적이는 인파 속에서 부대낀 덕에 며칠 동안 고생만 했다. 아이들과 놀이동산에 놀러 가서 예전처럼 롤러코스터를 즐겨 보려 해도 속만 울렁거릴 뿐이었다. 예전에는 화장하지 않고 외출하는 것은 엄두도 못 냈는데 이제는 세수도 안 하고 밖에 나가는 일이 종종 있다. 몸에 관심을 기울일 때는 외모보다는 건강이다.

놀이도 자연스레 몸을 많이 움직이지 않는 쪽을 선호한다. 한 자리에 가만히 앉아서 수다 떠는 것이 흔히 하는 놀이 중의 하나다. 친구들과 여행을 가더라도 부지런히 옮겨 다니며 구경하기보다는 맛집을 찾아가서 한 끼 거하게 먹고, 분위기 좋은 카페에 들러 달콤한 케이크 한 조각을 먹는 것이 더 즐겁다.

아이들이 커 가면서 혼자만의 시간이 늘어 갈수록 혼자 노는 법을 터득해야 했다. 혼자만의 시간을 드라마 보기, 수다 떨기로 보내는 날도 있지만 매일 이런 일로 시간을 쓸 수는 없었다. 혼자만의 시간 속에서 책은 나에게 좋은 친구가 되어 주었다. 책 읽기에는 특별히 준비할 것도, 결정의 순간에 망설임도 필요 없다. 읽고 줄 긋고 누리기. 이뿐이다. 손쉽게 얻고 두고두고 즐길 수 있다. 책을 읽으며 거대한 산처럼 보이던 공자, 플라톤, 아리스토텔레스 같은 철학자와 나의 공통점을 발견하며, 그들도 나와 같은 평범한 사람이었음을 느낀다. 그들의 생각을 읽으며 '와! 어떻게 이런 생각을 그 시대에 했을까?' 하기도 하지만 '뭐야? 이건 좀 너무한 것 아니야? 논리적으로 말이 안 되는 것 같은데?' 하며 의심의 눈초리를 보내기도 한다. 책이 아니면 어디에서 2,000년 전의 사람들을 만날 수 있겠는가.

주체적인 삶을 산다는 것은 이런 것이 아닐까. 남들이 만들어 놓은 상품 사이에서 무엇을 선택할지 고민하는 것이 아니라 책의 구절을 씨앗 삼아 머릿속에서 이리저리 굴려 보며 마음껏 놀기. 주어진 몇 가지 선택지 중 소극적인 선택을 하는 것이 아니라 남의 것이라도 스스로 취사선택해서 내 안에서 신나게 한바탕 가지고 노는 것. 이 놀이에는 돈도, 특별한 발품도 필요하지 않다. 한 권의 책과 마음대로 사유할 자유만 있다면 누구에게나 공평하게 주어지는 놀이다.

수년 전 책을 읽고 싶을 때 어떤 책을 읽어야 할지 몰라 헤맨 적이 있다. 읽고 싶지만 뭐를 읽어야 할지 몰라 답답하면 서점에서 베스트셀러 위주로 구입해서 읽었다. 지나고 보니 당시에는 내가 나 자신을 잘 몰랐기 때문에 책도 고르지 못했던 것 같다. 내가 관심 있는 것, 좋아하는 것도 모르면서 어떻게 책을 고르겠나.

내가 읽고 싶은 책 정도는 스스로 고를 수 있는 지금 나에

ㅣ마흔에 다시 시작하는 공부

게 가장 큰 놀이는 책 읽기다. 예전에 찾아 헤맨 추천 도서 목록 같은 것은 더 이상 필요하지 않다. 내가 끌리고 관심 갖고 읽고 싶은 책만 존재할 뿐이다. 물론 내 관심이 성공률 백 퍼센트를 보장하지는 않지만 그건 그것대로 괜찮다. 그 책이 맞는 사람에게 선물하거나 되팔면 그뿐이다. 중요한 건 나는 책으로 통하는 길을 찾았고, 평생 그 길 위에서 놀면서 즐기면서 살 수 있다는 사실이다.

틈새 공부

학창 시절의 공부는 흥미보다는 의무였다. 왜 해야 하는지, 내가 하고 싶은 공부가 무엇인지 고민할 겨를도 없이 꾸역꾸역 공부했다. 대학은 겨우 갔지만 대학에 가서도 공부가 재미있다고 느낀 적은 없었기 때문에 졸업과 동시에 자연스럽게 취직에 관심을 두었다. 사회 물을 십 년 먹고, 아이를 키우며 살다 보니 다시 공부하고 싶다는 마음이 생겼다. 나이 들어, 학교를 벗어나 하는 공부라 충분히 즐기면서 할 수 있음에도 불구하고 마음속으로는 '잘해야 한다'는 강박이 있었다.

『논어』를 배울 때의 일이다. 스무 명 남짓 되는 중년의 아줌마들이 각자 앉은뱅이책상을 꿰차고 앉아 수업을 준비했다. 얼핏 보니 내가 그중 나이 어린 축에 속했다. 노안으로 돋보기를 끼고 앉아 책을 읽는 사람, 나이 들어서 읽으니 자꾸 까먹는다고 푸념하는 사람 등 늦은 나이에 공부하는 것이 쉽지 않다고 다들 한마디씩 했다. 나는 상대적으로 젊다는 이유로 괜히 어깨에 힘이 들어갔다. 잘해야겠다는 욕심이 생겼다. 매주 배운 것을 잊지 않기 위해 쪽지 시험을 치르면 좋은 성적을 받지 못할까 초조했고, 성적이 나쁘면 창피했다. 시험이 주는 스트레스 덕에 밥 먹는 것도 잊으며 쪽지 시험을 준비했다. 이쯤 되면 즐기는 공부와는 결별이다.

『명상록』에서 마르쿠스 아우렐리우스는 칭찬을 받고 싶다는 유혹에 빠지지 말고, 모욕을 당했다고 괴로워 움츠러들지 말고, 자신에 대해 알고 있는 것에서 출발하여 자기를 파악하라고 권한다. 칭찬, 모욕과 상관없이 스스로 즐기는 공부를 하겠다고 결심했다면 중요한 것은 다른 사람의 평가가 아닌 스스로의 만족이다.

학교에 다니며 학위를 준비하는 것도 아니고 뚜렷한 목표를 가지고 공부하는 것도 아닌 나를 보며 주위 사람들은 '부럽다'고 말한다. "부러우면 당신도 시작하면 되지 않느냐?" 하고 내 쪽에서 질문을 던지면 대부분은 "시간이 없어서……."라며 말끝을 흐린다. 정말 시간이 없을까?

누구에게나 똑같이 24시간이 주어지지만 어떻게 활용하느냐에 따라 어떤 이는 하루를 40시간처럼 살기도 하고 어떤

┃ 마흔에 다시 시작하는 공부

이는 10시간도 채 못 살기도 한다. 자기 계발서의 흔한 가르침처럼 시간을 분 단위로 쪼개서 허투루 사용하지 말라는 말이 아니다. 내 삶에서 가장 중요한 것이 무엇인지, 가치 있는 것이 무엇인지 파악해서 그것을 중심으로 일상을 재배치해야 한다는 뜻이다. 그렇지 않고 모든 일을 감당하려면 시간은 손바닥 안의 모래처럼 흔적도 없이 사라진다.

나는 학생이 아니다. 모든 것을 팽개치고 공부에만 열중할 수는 없다. 돌봐야 할 아이들이 있고, 챙겨야 할 일상이 있다. 이런 상황에서 내가 할 수 있는 공부는 '틈새 공부'다. 틈만 나면 공부하기.

> 위나라 상림常林은 밭을 갈면서도 책을 읽었다. 당나라의 이밀李密은 쇠뿔에 한서漢書를 걸어 놓고, 꼴을 먹이면서도 잠시도 책에서 눈을 떼지 않았다. 남의 양을 치다가 책에 몰두하느라 그만 양을 모두 잃고 만 사람은 왕육王育이다. 후한의 고봉高鳳은 아내가 장을 보러 간 사이에 마당에 널어놓은 겉보리가 소낙비에 다 떠내려가는 줄도 모르고 책만 읽었다. — 정민, 『책 읽는 소리』

그다지 권할 만한 습관은 아니지만 운전하다 신호 대기에 걸렸을 때도 책을 펼쳐 든다. 신호를 기다리는 따분함, 초조를 잊을 수 있고 짧은 시간이지만 책 한 쪽 정도는 읽을 수 있다. 가방에 화장품은 챙겨 넣지 않아도 책 한두 권은 늘 넣고 다닌다. 뜻하지 않게 무료하게 시간을 보내야 할 상황이 생기면 책은 제 구실을 톡톡히 한다.

짬날 때마다 조금씩 하는 틈새 공부는 집중하는 시간이 길지 않은 나에게 적합한 공부 방식이다.

사실 나는 엉덩이 힘이 세질 못해 '앗, 공부하다 보니 시간이 어느새 이렇게 됐네?' 같은 경험은 별로 없다. 집중력도 짧고, 몰입을 쉽게 하는 편이 못 돼서 장시간 진득하게 앉아 있지 못한다. 이런 나에게 적합한 공부 방법이 짧게 끊어 여러 번 나눠서 하기다.

나의 하루 일과는 책을 읽는 것에서 시작되는데 오전 시간에 집중이 잘되는 듯하다. 요즘은 새벽 다섯 시에 일어나서 집중력을 요하는 공부를 마치는 것을 목표로 삼고 있다. 아이들 학교 보낼 시간까지 적어도 두 시간은 공부에 집중할 수 있어 사서나 철학책 같은 무게 있는 책을 읽는다. 아이들을 보내고 난 뒤 두 시간쯤 집중해서 공부하면 점심 먹기 전까지 네 시간가량을 공부에 할애할 수 있다. 그 이후에 다소 템포를 늦춰서 조금씩만 진행해도 하루 다섯 시간 정도는 공부에 집중할 수 있는 셈이라 요즘은 이 방법을 몸에 익히려고 노력하는 중이다.

또 다른 공부법은 여러 권의 책을 동시에 읽는 것이다. 아침 집중 시간에 읽는 책, 차 안에서 읽는 책, 오후에 느긋하

　　　　　　　　　　　ㅣ 마흔에 다시 시작하는 공부

게 앉아서 읽는 책 등 시간과 목적에 따라 다른 책을 선택해서 읽는다. 예전에는 노트에 읽고 싶은 책의 목록을 적고 매일 분량을 정해서 읽었지만 읽다 보니 조금 더 읽고 싶거나, 읽기 싫은 책도 있어서 요즘에는 손 가는 대로, 마음 가는 대로 읽는 편이다.

독서에 관해서 이렇게 해라, 저렇게 해라 지침을 주는 책들이 많이 나와 있다. 나 역시 독서법에 관심이 많아 집에도 여러 권의 책이 있지만 남들에게 좋은 방법이 나에게도 좋은 것은 아니었다. 한때는 독서 고수들의 책 읽기 방법을 배워서 따라해 보려고 무던히 애쓰고, 뭔가 새로운 방법이 없나 기웃거리기도 했지만 '그런 건 없다. 나만의 길이 있을 뿐.'이라고 결론을 내렸다. 그들의 독서법이 참고가 될 수는 있지만 꼭 따라야 할 모범은 아니므로 나는 나대로 길을 찾으면 되는 것이다.

오랜 세월 시행착오 끝에 진득하지 못하고, 성격 급하고, 다방면에 관심은 있지만 쉽게 열정이 식는 나에게는 조금씩 나눠서 틈만 나면 공부하는 '틈새 공부'가 잘 맞는다는 걸 알았다.

"틈만 나면 공부하네." 나이 마흔에 듣는 이 말이 나는 참 좋다.

몇 년 전에 고혈압 진단을 받고 약을 처방받았다. 적정 체중이고, 평소 감기도 잘 걸리지 않는 건강 체질인 나에게 고혈압 진단은 충격이었다. 생활 습관을 돌아보고, 약을 끊을 수 있는 방법을 찾아봐야 했다. 의사들의 조언은 한결같았다. 싱겁게 먹고 꾸준히 운동하라는 말만 되풀이했다. 전반적인 생활 습관을 개선하지 않으면 평생 약을 복용해야 한다는 사실에 우울했다. 건강하게 살려면 나를 바꿔야 했다.

운동을 시작했다. 운동이라고 해도 평소 사용하지 않는 근육을 좀 무리해서 움직이는 맨손 체조가 전부다. 예를 들면 무릎을 굽히고 기마 자세로 앉았다 일어섰다 하거나, 팔을 쭉 펴고 왼쪽, 오른쪽으로 몸을 트는 정도다. 간단한 운동이지만 사용하지 않던 근육은 통증을 호소했다. 처음에는 근육통이 일주일 이상 지속됐는데 차츰 근육이 적응하는지 통증이 줄어들기 시작했다. 신기하게도 몸의 적응 속도는 생각보다 빨라 운동 강도에 금방 익숙해졌다. 근육을 키우기 위해 강도를 높이고, 익숙해지면 단계를 높여 나갔다. 그동안 운동하지 않고 방치한 탓에 근육들이 서운했던 모양이다. 사용하지 않은 근육들을 사용하고 관심을 가져 주니 몸이 활기를 되찾고 건강해지는 것이 느껴졌다.

반복의 힘은 크다. 처음에는 윗몸일으키기를 열 개 하는 것도 힘들었는데 지금은 서른 개쯤은 너끈히 한다. 주기적으로 해 오던 운동을 하루라도 거르면 몸이 먼저 반응한다. 왠지 찌뿌드드하고 뻐근하게 느껴진다. 그럴 때는 운동하며 근육을 풀어 줘야 몸이 한결 가벼워진다. 조지 레오나르드는 『달인』에서 달인이 되는 과정의 최선의 방안이란 "부지런히 연습하고 심지어는 그 자체를 위해 연습해야 한다."라고 말한다. 연습과 반복을 통해 '근육 기억'을 만들어야 성장할 수 있다. 만들어진 근육 기억은 적절한 강도로 단계를 높여 가야 한다. 몸은 어린애와 같아서 꾸준히 돌보고 관심을 가져 주지 않으면 금방 토라져서 원래 상태로 되돌아가려고 한다.

이러한 운동과 공부에는 공통점이 있다. 하고 난 뒤에는 뿌듯함과 성취감을 주지만 하기 전에는 '오늘 하루만 쉴까?' 하는 꾀가 생긴다. '오늘만 쉬고, 내일부터 열심히 하면 돼.' 라고 스스로 위안하지만 내일이 되면 또 하기 싫은 이유가 생긴다. 하기 싫은 이유를 만들기 전에 내 몸이 먼저 반응하게 하려면 반복하면서 내 몸의 리듬을 잃지 않는 것이 중요하다. 리듬을 만들기 위해서는 일상을 단순화하고 규칙적인 삶을 살아야 한다.

"성공하려면 반복된 생활을 계속하면 된다. 사실 나이가 들면 의지할 사람이 없다. 후배한테 의지하겠나, 선배를 찾아가겠나. 믿을 건 나 자신뿐이다. 스스로를 컨트롤할 수 있어야 하는데, 나는 반복적인 생활에서 그 답을 찾는다. 일주

일을 기준으로 똑같은 패턴을 반복하며 산다. 운동을 규칙적으로 하면 근육이 생기는 것처럼 똑같은 패턴으로 생활하면 어느 순간 내가 발전했구나 하고 느끼게 된다. 돈에 대한 욕심, 인기에 대한 욕심, 사람에 대한 욕심 다 버리고 생활의 달인처럼 살아가면 그게 성공인 거다." 개그맨 이경규가 한 매체와 한 인터뷰 내용이다.

반복되는 생활은 그 자체가 삶이다. 목표를 두고 전력 질주하는 것이 아니라 그냥 사는 것이기 때문에 도달해야 하는 결승점이 없다. 어떤 일이든 끝없이 성장하는 것은 없다. 운동을 하다 보면 처음에는 몸의 반응 속도를 스스로 느낄 수 있을 만큼 빠르게 성장하지만 어느 순간이 되면 변화가 느껴지지 않는다. 사실 이 단계는 지루하다. 어차피 해 봤자 늘지도 않는데 그만해야겠다는 마음이 들지만 정체 상태도 과정이라 믿고 지나가는 수밖에는 달리 방법이 없다.

20대에는 화려한 삶을 꿈꿨다. 화려한 삶이 성공한 삶이라 생각했다. 패션 잡지에서 금방 튀어나온 듯한 차림을 하고 사람들과 만나서 회의하고, 중요한 결정을 하며 바쁘게 살아가는 삶이 성공한 삶이라는 환상이 있었다. 열정적으로 일했으니 놀 때도 화끈하게 놀아야 했다. 클럽에 가서 신나게 춤도 추고, 해외 유명 휴양지를 찾아 떠나는 휴가가 그동안의 바쁜 삶을 보상해 주리라 여겼다. 그러나 내 삶에 그런 순간은 오지 않았다. 10년 넘게 직장 생활하는 동안 늘 잠이 부

　　　　　　　　　　　ㅣ 마흔에 다시 시작하는 공부

족했다. 패션 화보에 나온 것처럼 입고 꾸미려면 받은 월급의 절반 이상을 쏟아부어야 했다. 새벽부터 밤늦도록 일했지만 제때 승진할 수 있을지 걱정되었고 퇴직한 뒤에는 어떻게 살아야 할지 고민스러웠다. 인생의 트랙 위에서 늘 목표점을 지향하며 질주했지만 트랙을 달리는 일 자체를 즐기지는 못했다.

절정의 순간만을 꿈꾸며 일상을 희생하는 것보다 일상을 소중히 여기고 성실하게 사는 것이 행복한 삶이 아닐까? 하루를 성실하게 보내면 잠잘 때 오늘 하루도 참 잘 보냈다는 뿌듯한 마음이 생긴다.

책 읽고 공부하는 삶은 단조롭다. 이 나이에 공부하면 뭐하나 하는 회의가 들 때도 있고, 책 읽기 싫은 날도 있다. 그래도 일단 책을 잡고 읽는다. 책 읽기 싫은 날에는 어렵고 생각을 많이 해야 하는 책보다 가벼운 에세이나 추리 소설이 제격이다. 책장이 술술 넘어가고 문자 읽는 맛에 빠지다 보면 어느새 좀 더 강도 높은 책을 읽어 볼 마음이 생긴다. 중요한 것은 독서의 리듬을 놓치지 않는 것이다. 리듬을 놓치면 생활은 몸의 명령에 따르게 된다. 마흔쯤 되니 어떤 재미와 자극도 끝이 있고, 자극이 클수록 허전함도 크다는 것을 알게 되었다. 자극과 새로움을 찾기보다 성실하게 일상을 사는 것이 내가 할 수 있는 최선의 길임을 알기에 오늘도 난 읽는다.

혼자 책 읽고 공부할 때는 손 가는 대로 책을 읽고, 잊어버리고, 다시 읽는 과정의 반복이었다. 책을 잘 읽으려면 읽고 난 뒤 반드시 글을 써서 자신의 감상을 남겨야 한다고 하지만, 책을 덮음과 동시에 머릿속이 멍해지는 나로서는 글을 쓴다는 것이 쉽지 않았다. 그렇다 보니 읽는 것으로만 그치게 되고 읽기만 하다 보니 며칠 안 가 읽은 내용을 다 잊어버렸다. 읽은 책을 모르고 또 산 경우도 있고, 제목만 봐서는 읽었는지, 안 읽었는지 가물가물한 경우가 태반이었다.

세미나를 시작하면서 글쓰기가 숙제로 주어졌다. 만만치 않은 책을 읽는 것조차 어려운데 글까지 쓰려니 고역이었다. 처음에는 책의 여기저기를 차용해서 대충 얼버무려 글을 썼다. 익숙해졌을 때는 참고 도서의 내용까지 곁들여 쓰는 노하우도 터득해서 '내가 참 많이 알고 있군.' 하며 뿌듯해 하기도 했다. 자아도취에 빠져 나름대로 만족하며 글을 썼는데 선생님으로부터 "대단하다. 어떻게 소제목도 안 쓰고 이렇게 긴 글을 쓸 수가 있냐? 도대체 무슨 말을 하려는지 한 줄로 꿰어지지가 않는다."라는 말을 들었다. 한번은 '내가 이런 글을 썼단 말이야? 정말 유식하다.' 하며 스스로 대견해할 정도로 자신 있게 글을 써서 발표한 뒤 다른 사람들의 칭찬을 기다렸다. 그런데 선생님과 학우들의 반응은 글 쓴 사람은 어디에 있느냐는 것이었다. 글은 분명 내가 썼는데, 나의 생각이나 질문 없이 다른 사람들의 의견만 잔뜩 늘어놓은 탓에 글을 쓴 사람이 보이지 않는다는 것이었다.

과제로 글쓰기를 제출하면 선생님이 나의 재능 여부를 판단해 줄 것이라 지레짐작했다. 재능이 있다면 글을 계속 쓰겠지만, 없다면 지금이라도 포기하는 편이 좋겠다는 얄팍한 계산이 깔려 있었다. 글을 잘 써 보고 싶다는 욕심에 첨삭 지도를 받아 멋진 글을 쓸 수 있기를 바랐다.

글을 쓰고 공부하는 사람들이 공유하는 취미는 산책이다. 그들은 산책을 하며 책의 구절을 곱씹고 사유를 다듬는다. 많이 읽고 질문을 만들면서 생각을 정리해야만 쓸 거리가 생긴다. 처음 글쓰기를 할 때는 문장력과 표현력이 전부인 줄 알았다. 그러나 글을 쓰는 일은 문장 몇 마디로 해결되지 않았다.

얼핏 보면 당연하게 느껴진다. 생각은 누구나 하고 사는 것 아닌가? 엄밀히 말하면 생각하기가 안 된다기보다 생각을 모으기가 안 되는 것 같다. 끊임없이 생각은 하는 것 같은데 따져 보면 맥락 없는 잡생각인 경우가 대부분이다. 오늘 저녁 반찬은 뭘 하지? 애들은 학교에서 수업 잘 듣고 있나? 세탁물 맡겨야 하는데 등등 생각이라기보다는 걱정에 가까운 것들이다.

세미나 선배들로부터 책을 읽으면서 '질문을 만들라.'라는 말을 들었다. 자기 질문을 만들어서 끝까지 밀고 나가는 것이 공부의 출발이라고 한다. 질문을 해결하려면 끊임없이 사유하고, 관련된 책들을 찾아보며 스스로 해결하고자 노력하라고 한다. 생각을 모으기 위한 방법의 하나가 질문하기다. 그런데 질문을 만드는 것이 쉬운 일은 아니었다. 한 권의 책을 쓰기 위해 저자도 공부하며 자료를 모으고, 자신의 생각을 논리적으로 정리한다. 따라서 대부분의 독자는 저자의 사유에 끌려가게 마련이다. 질문을 만들려면 내 감각을 예민하게 할 필요가 있다. 감각이 예민해지면 세상에 관심이 생기고 보아도 보이지 않던 많은 것들을 볼 수 있게 된다. 관심이 생기면 그 전에는 무심코 지나쳤던 것들이 새롭게 보인다.

무대에서 절름발이 연기를 하자면 저는 사람을 잘 관찰하고, 절뚝절뚝 저는 시늉을 배워야 한다. 하지만 저는 사람이 어디 흔하냐? 어느 날 나는 저는 사람을 관찰할 생각으로 종로 2가로 가서 기다렸다. 그런데 세상에…… 저는 사람들이 어쩌면 그렇게도 많으냐? 종로 바닥이 저는 사람 천지로 보일 지경이더라. 큰 수 하나 배웠다. 그런데 저는 사람들로부터 배울 것이 없게 되고 보니, 종로에 나가도 저는 사람이 하나도 보이지 않아. 마음에서 멀어지니까 눈에서도 멀어진 것이다. 나는 큰 수를 하나 배웠다. 나는 연습 때마다 단원들에게 이 이야기를 들려주

고는 한다. 보아야 보인다고, 보지 않으면 보이지 않는다
고……. ─이윤기, 『어른의 학교』「김명곤의 말」

글쓰기를 잘하려면 관심과 애정을 갖고 내 일상을 둘러볼
수 있어야 했다. 책 몇 권 읽고 좋은 구절 차용해서 쓰는 글
은 내 글이 아니었다. 한 구절을 읽더라도 나는 어떻게 느꼈
는지, 어떤 질문을 만들었는지를 떠올리지 못하면 내 글은
한 줄도 나갈 수 없었다. '나를 보이는 글쓰기'가 되려면 내
삶을 재구성할 필요가 있었다.

나는 아직 글쓰기가 서툴다. 애써서 써 간 글로 "귀한 나
무를 베어서 만든 종이로 출력하기 아깝다."라는 평을 듣기
도 했다. 쓰면서 머리를 쥐어뜯을 때도 있고, 내가 원한 것처
럼 명확하게 표현되지 않을 때는 포기하고 싶은 마음이 들기
도 한다. 그러나 글쓰기는 나 스스로를 돌아보고, 주변에 예
민하게 반응하게 만들어 준다는 점에서 놓칠 수 없는 매력이
있다. 만약 글쓰는 과정이 없었다면 내 감정과 삶을 민감하
게 들여다보지 못했을 것이다. 글을 쓰다 보면 나의 경험, 내
가 듣고 본 것을 재구성해야 할 때가 있는데 처음에는 받은
인상만 떠오르다가 점차 내가 왜 그런 인상을 받게 됐는지
고심해 보게 되었다.

글쓰기를 배우면서 선생님께 한 수 가르침을 청했다.

"글쓰기는 벌거벗고 거리를 뛰어다니는 것과 같다. 자신을

모두 드러내 보이는 것이 글쓰기다."

참 어려운 말이다. 내 생각이라도 예민하게 다듬어서 표현하는 일이 어렵다. 늘 의식하면서 이리저리 생각의 씨앗을 굴려야만 글감을 만들 수 있다. 이럴 때 책은 마중물이 된다. 책의 한 구절이 생각을 키우기도 하고, 두루뭉술했던 느낌이 책을 통해 명료해지기도 한다. 그럴 때를 놓치지 않고 한두 줄이라도 쓰면서 생각을 엮어 가다 보면 글이 완성되기도 한다.

숙제로 글을 쓰다 보면 선생님께 잘 썼다고 칭찬받는 때가 있는데 나의 생각과 경험이 잘 녹아서 전달하고자 하는 글의 주제가 명확하게 드러나는 경우다. 이 맛에 글을 쓰는 것 같다. 서툴고 정교하지 못한 표현이지만 내가 하고자 하는 말을 전달하고 읽는 사람이 재미있게 읽고 공감해 주었을 때 느끼는 기쁨이 계속해서 글을 쓰게 만든다. 글을 쓰기 위해 나는 과거의 나, 현재의 나와 끊임없이 만난다. 주변을 좀 더 예민하게 보려고 의식적으로 노력하는 책 읽기는 글쓰기가 나에게 준 선물이다.

3.

공부를 통한 사람의 길

공부는 수행이다

삐딱하게 생각해 보자. 가령 '목표를 가지고 살아.'라는 말에 '왜?' 하고 질문을 던지는 방식처럼 말이다. 왜 우리는 목표를 가지고 살아야 하는가? 인생은 목표를 이루기 위해 사는 것이 아니라 그냥 사는 거라고 생각한다. 밥 먹고, 숨 쉬고, 놀고, 공부하는, 생활의 모든 과정이 삶이다. 목표를 세우고 달성했다고 해서 인생이 끝나는 것도 아닌데 왜 목표를 세워야 하는지 모르겠다. 고등학교 때는 대학만 가면 모든게 끝날 줄 알았지만 대학 입학 후에는 취직, 결혼, 출산, 육아 등 끝이 없었다. 인생에 '이것만 지나면 고생 끝 행복 시작'은 없다. 인생이 그렇게 만만하던가. 이런 식으로 목표를 늘 새롭게 정비하면서 산다면 어떻게 삶을 즐길 수 있을까. '피할 수 없다면 즐겨라.'라고 하지만 피하고 싶을 정도로 하기 싫은 일을 어떻게 즐기면서까지 할 수 있을까.

유학儒學이 나에게 가장 매력 있는 까닭은 공부를 통해 자신을 수양하여 누구나 성인聖人에 이를 수 있다고 말한다는 점 때문이다. 유학에서 인생의 주체는 자기 자신이다. 공자는 인격을 완성하기 위한 공부의 중요성을 이야기했다. 맹자는 공자의 사상을 더욱 발전시켜, 인간은 누구나 선한 본성을 가지고 공부하여 자신을 갈고닦으면 성인이 될 수 있다고 말했다. 이것이 유명한 맹자의 성선설性善說이다. 유학자들은 언제나 출세의 수단으로서의 학문을 경계했다. 스스로를 발전시키고, 다른 사람을 편안하게 하는 것이 공부의 목적이다.

공부는 자신을 단련시키기에 좋은 과정이다. 끊임없이 떠오르는 잡념을 떨쳐 내고 몰입하는 과정에는 고도의 정신력이 필요하고, 매일매일 꾸준히 해야 하는 성실이 요구된다. 스스로의 공부에 만족하고 안주하고 싶을 때는 선생님과 동학 들을 보며 자만심을 바로잡을 수 있다. 세상에서 내가 알고 있는 것이 터무니없이 적음을 알면 겸손할 수 있고, 이런저런 핑계로 공부를 빼먹고 싶을 때는 나의 나태를 깨닫고 고칠 수 있다.

| 마흔에 다시 시작하는 공부

요즘 아이들이 과도한 학습량에 심신이 지쳐 가고 있다고 걱정하는 목소리가 들린다. 그러나 뇌가 활발하게 움직이는 청소년기에 공부하지 않으면 언제 공부하겠는가. 학습량이 문제가 아니라 적기에 필요한 공부를 하지 못하고 점수를 획득하기 위한 경쟁 위주의 공부만 해야 하는 현실이 안타까울 뿐이다.

오늘날의 학생들만 치열하게 공부했던 것은 아니다. 옛날 사람들도 치열하게 공부했다. 그들은 책이 지금처럼 많지 않았기 때문에 한 권의 책을 수십 번, 수백 번 반복하여 읽었다.

새벽에 일어나면 자리에 누운 채로 『논어』 본문 한 편을 속으로 외운다. 아침에 일어나 다시 앞서 외운 『논어』의 내용 중에 뜻이 분명치 않은 곳을 자세히 살핀다. 세수하고 머리를 빗은 뒤에는 『주역』 중에 「계사」 편을 한 장 또는 두세 장씩 힘 닿는 대로 읽는데, 30번씩 소리 내서 읽는다. 아침밥을 먹고 나서 『주자대전』과 『주자대전 풀이』, 그리고 『고증초고』 같은 책을 자세히 따져 가며 읽고, 몇 장씩 공책에 베껴 쓴다. 읽다가 피곤해지면 눈을 감고 고요히 앉아 읽는다. 여유가 있으면 『남헌집』을 따로 몇 장 읽는다. 아침밥을 먹기 전에 30번을 못 읽었으면, 마저 읽어 숫자를 채운다. 저녁밥을 먹은 뒤에는 등불을 밝혀 놓고 「계사」를 10번씩 줄줄 읽는다. 또 매일 밤마다 지금까지 읽은 내용을 한데 합쳐서 외우고, 날마다 읽은 내용도 되풀이해서 음미한다. —정민, 『정민 선생님이 들려주는 고전 독서법』

한 권의 책을 수십 번, 수백 번 반복해서 읽는 독서를 돕기 위해 서산書算이라는 것이 있었다. 한 권의 책을 통독하면 서산의 홈을 하나씩 젖혀 가며 표시하는 방식으로 책 읽는 횟수를 계산했다고 한다. 이처럼 수많은 반복 끝에 책을 덮고 줄줄 외울 정도가 되어야 책 한 권을 읽었다고 말할 수 있었고 그것을 축하하기 위해 책거리를 했다.

나이 들어서 고전 공부를 하면 좋은 점이 있다. 고전의 지혜에 공감하고, 일상에 적용할 수 있다는 것이다. 『논어』에 "남이 자신을 알아주지 않음을 걱정하지 말고, 내가 남을 알아주지 않음을 걱정하라."라는 말이 있다. 어릴 적 읽었다면 그런가 보다 하고 지나쳤을 구절이지만 살면서 비슷한 경험을 한 덕에 스스로를 돌아보게 되었다. 공자는 평생 학문하며 제자들을 양성하는 데 힘을 쏟았지만 정계에 진출해 자신의 뜻을 마음껏 펼쳐 볼 기회를 얻지 못했다. 일흔이 넘도록 여러 나라를 돌아다니며 자신의 뜻을 펴기 위해 노력한 공자의 좌절감을 떠올리면 일상에서 겪는 나의 소소한 좌절감은 아무것도 아닌 것처럼 느껴진다.

책 읽기를 권하는 사람들은 고전을 읽을 것을 강조하지만 나는 너무 어린 나이에 고전 읽기에 얽매일 필요는 없다고 생각한다. 어린이용 고전 시리즈같이 아이들이 쉽게 이해할 수 있도록 각색한 책은 고전의 깊은 맛을 음미하지 못한 채 한번 읽어 봤다는 얄팍한 경험만 준다. 고전의 지혜를 공감하고 이해하려면 삶의 경험도 중요하다. 나에게는 아이 둘을 낳고 생활의 경험을 골고루 해 본 지금이 적기 같다.

하루 종일 책만 읽는 선비의 삶은 구도자의 삶과 비슷한 듯하다. 공부를 중심에 놓은 삶은 지극히 단순하다. 대부분의 시간을 책과 함께한다. 공부에 집중할 수 있도록 밥 먹는 양도 조절하게·되었다. 너무 많이 먹어 배가 부르면 졸리고 집중이 되지 않으니 항상 몸을 가볍게 유지하는 것이 필요했다. 무라카미 하루키는 자신이 20년 이상 달리기를 지속할 수 있는 것은 결국 달리는 일이 자기 성격에 맞기 때문이라고 말한다. 나 역시 현재의 삶이 인생의 그 어느 때보다 만족스럽고 풍요롭게 느껴진다. 활동적이지 못하고 게으르며 나태한 나에게는 한자리에 앉아 꼼지락거리며 책과 씨름하는 것이 맞는 일이 아닐까.

『논어』에서 시작한 공부의 영역이 점점 넓어지고 있다. 『논어』 읽기는 『논어』 한 권으로 끝나지 않았다. 읽다 보면 궁금한 내용이 생겨서 관련 책들을 찾아보게 된다. 『중국철학사』, 『사기』, 주자학 등 곁가지가 계속해서 뻗어 간다. 의식하지 않으면 이 책 저 책 궁금할 때마다 찾아 읽고 쌓아 둔 책들이 책상을 덮는다. 하루 날 잡아 책들을 원래 있던 자리에 꽂아 두고 주변을 정리해도 며칠 못 가 책은 또 쌓인다. 급한 마음에 책들을 넘나들며 마구잡이로 읽어 대지만 머릿속에 남는 것은 별로 없다.

마음은 늘 초조하다. 어느새 마흔이 되었는데 지금 공부한다고 세상의 지식 중 얼마나 습득할 수 있을까? 공부를 하면 할수록 모르는 것은 늘어나고, 알고 싶고 배우고 싶다는 욕망은 커져 갔다. 시간이 부족하다. 이 많은 책들을 읽고 이해하려면 평범한 내 머리로는 어림도 없다. 어떻게 해야 하나. 욕심을 내어 시간을 쪼개 본다. 공부에 도통하다는 누군가의 이야기를 전해 듣는다. '하루 10시간을 공부하고, 의자에 오래 앉아 있어서 엉덩이가 짓무를 정도라는데 나도 그 정도는 해야 하는 것 아니야?'

나도 불필요한 시간을 줄여야겠다고 다짐한다. 집안일은 최소한으로 줄이고, 필요한 물품은 인터넷으로 구매하고 외출도 하지 않는다. 박박 긁어모은 시간을 공부에 쏟아 보지만 이내 지치고 만다. 계절 바뀔 때마다 옷과 이불도 교체해야 하고, 사용하고 아무데나 처박아 놓은 물건들도 가지런히 정리해야 한다. 가족들은 매일 먹는 비슷한 메뉴가 지겹다고 불만을 털어놓는다. 요구를 외면할 수 없어 응해 주다 보면 어느새 공부 시간은 줄어들고 만다. 공부와 집안일은 시소처럼 널뛰기했다.

욕심을 버리자. 책을 사고 싶다는 욕심, 더 읽고 싶다는 욕심을 버리고 대신 매일 정해진 일정한 시간을 공부에 할애하자. 초조한 마음에 책을 쌓아 놓고 읽고, 시간의 양에 얽매여 무리하게 공부하다 몸이 피로하여 며칠 건너뛰는 것보다 조금씩이라도 꾸준히 하는 편이 나을 것 같았다. 나에게 무리가 가지 않는 양과 범위를 정해서 꾸준히 공부하는 것으로 방향을 바꾸었다. 할 수 있는 양만큼 집중해서 공부하며 조금씩 양을 늘려 가는 편이 결과적으로 많은 양의 공부를 할 수 있을 것 같았다. 하루 두 시간 공부하는 것부터 시작했다. 두 시간은 쉽게 적응할 수 있었다. 조금씩 시간을 늘리다 요즘은 하루 다섯 시간 공부하는 것이 습관처럼 굳어졌다. 새벽 5시에 일어나서 두 시간, 아이들 학교 보내고 두 시간, 아이들 돌아오고 난 뒤 한 시간. 공부가 잘되어 다섯 시간 이상 공부하는 날도 있지만 가족이 함께 시간을 보내야 하는 주말엔 하루 두 시간 채우기 힘든 날도 있다. 그건 어쩔 수 없다고 생각한다. 중요한 것은 일주일에 평균 다섯 시간을 채우 도록 노력하는 데 있다.

그러나 다섯 시간을 이어서 공부하기는 힘들다. 집중력이 약하고, 집에 있으면 널어야 할 빨래나 반찬 준비 같은 해야 할 일들이 무시로 떠오른다. 잡념을 털어 버리고 공부에 집 중할 수 있으면 좋은데 해야 할 일을 빨리 끝내지 않으면 찜 찜한 기분이 든다. 후딱 해치우고 나야 가벼운 마음으로 집 중할 수 있다. 그래서 요즘 스마트폰의 '스터디 체커'라는 앱 을 사용해서 공부 시간을 체크한다. 굳이 공부 시간을 체크 해야 할 필요가 없을 수도 있지만 다섯 시간을 채우면 스스 로 하루를 성실하게 산 것 같아 뿌듯하다. 그리고 부득이한 일이 있어 시간을 채우지 못하면 여유가 있을 때 조금 더 해 야겠다는 생각이 든다.

자기 속도가 있다. 누구나 100미터 달리기를 우사인 볼트 처럼 할 수는 없다. 우리는 신체적인 힘의 한계는 쉽게 인정 하면서 지적인 능력은 과대평가하는 경향이 있다. 얼마나 많 은 부모들이 "우리 애가 공부를 안 해서 그렇지, 머리는 좋아 요."라고 말하는가. 능력이 있는데 드러나지 않는 것이 아니 라 꾸준히 못하기 때문에 능력을 갖추지 못하는 것이다.

『순자』荀子「권학」勸學 편에 이런 말이 있다.

"빨리 달리는 말이라도 한 번 크게 뛴다고 해서 열 걸음 을 나아갈 수 없고, 노둔한 말이라도 열흘 달리면 역시 거기에 미칠 수가 있다. 일의 성과는 멈추지 않고 계속하는 데 있다."

자꾸만 잊고 산다. 내 생김이 다른 사람과 다른 것처럼 내 능력도 다르다. 외모는 눈에 보여서 차이를 쉽게 인정하지만 능력은 보이지 않는다는 이유로 마음만 먹으면 도달할 수 있다고 착각한다. 마음을 먹지 않아 도달하지 못하는 것이 아니라 능력이 그것뿐인 것이다. 능력의 한계를 인정하고 느리더라도 한 발 한 발 나아가고 싶다.

한 매체와의 인터뷰에서 한비야는 이런 말을 했다.

아프리카의 킬리만자로, 파키스탄의 낭가파르바트, 네팔의 에베레스트 베이스캠프를 오르면서 공통적으로 깨달은 것이 있다. 정상까지 오르려면 반드시 자기 속도로 가야 한다는 것이다. 그렇게 하는 것이 느리고 답답하게 보여도 정상으로 가는 유일한 방법이다. 체력 좋은 사람이 뛰어오는 것을 보고 같이 뛰면 꼭대기까지 절대로 갈 수 없다.

처음 의욕만 앞세워 공부할 때는 책 한 권을 읽고 덮으면 뭘 읽었는지 기억이 나질 않았다. 나쁜 머리를 자책하고, 나는 해도 안 된다는 생각이 들었다. 생소한 개념어에 철학자 이름조차 머릿속에 들어오지 않는데 그들의 사상을 이해하는 것은 불가능했다. 그래도 여러 번에 걸쳐 반복해서 읽고, 책을 읽다가 궁금하면 관련 자료를 찾아가며 다시 읽다 보니 서서히 윤곽이 잡혔다. 이렇게 꾸준히 공부하면 눈으로 볼 수 없는 안쪽 깊은 곳을 헤집어 볼 수 있는 통찰력이 생길 것 같다. 예전 같으면 통찰력을 키우려고 통찰력에 관한 책을 읽거나 관련 강의를 몇 시간 듣는 데서 그쳤을 것이다. 성급히 실행에 옮기고, 결과가 없으면 실망하기를 반복하며 나의 무능에 몸서리쳤을 것이다. 그러나 책을 읽으며 서서히 기초를 만들다 보니 시간이 오래 걸리더라도 조금씩 내 몸에 쌓여 가는 것을 느낀다. 성급하지 않게, 내 속도대로 여유 있게 살고 싶다.

삶의 내공 키우기

공동체에서 공부를 시작한 지 얼마 되지 않았을 때의 일이다. 비누를 만들어 나누어 쓰기로 했다. 빠른 작업을 위해 공정을 분업해 원료의 분량 재기, 혼합하기, 틀에 붓기 등으로 나누어 작업하겠거니 했다. 그런데 작업 레시피를 나눠 주더니 각자 읽어 보며 서툴더라도 직접 만들라고 했다. 만들다 모르는 부분이 있으면 옆 사람에게 물어보는 방식으로 작업을 진행했다. 상당히 낯선 방식이었다. 일의 효율성만 따지

ㅣ 마흔에 다시 시작하는 공부

면 공정을 나눠 작업하는 편이 낫다. 지금까지 그렇게 배웠다. 그러나 이 과정에서 중요한 것은 효율성이 아니라 내가 비누를 만드는 과정을 처음부터 끝까지 경험해 보는 것, 그래서 나중에 필요하면 스스로 만들어 쓸 수 있는 자립성을 기르는 것이었다.

비누 만들기를 통해 그동안 습관적으로 살아온 삶의 방식을 되돌아볼 수 있었다. 삶의 방식은 다양한데 하나의 모범이 있다고 믿고, 의심 없이 거기에 맞춰 살려고 했다. 왜 의문을 갖지 않고 길들여진 대로만 살려고 했을까? 공동체에서의 공부와 활동은 나에게 스스로 생각하고, 질문하고, 살아 보라는 메시지를 던져 주었다.

공부를 시작한 공동체에서는 '공부와 밥'을 중요하게 여겼다. 공동체 안에는 공부가 없는 모임이 없고, 회원들 간에는 꼭 함께 밥을 먹었다. 주부 회원들은 아이들이 없는 낮 시간을 이용해 세미나를 한다. 세미나가 끝난 뒤 공동체에 마련된 식당에서 밥을 함께 먹는데 식당을 운영하는 방식이 독특하다. 주방의 반찬들은 회원들의 선물로 마련되고, 밥은 희망자가 돌아가면서 한다. 이전에 여러 모임에서 궂은일은 서로 꺼리며 하지 않으려는 것을 보아 왔는데 이곳은 모든 운영이 자율적으로 진행되지만 삐걱거리지 않고 큰 어려움 없이 진행되었다.

자본주의 시장의 논리에 익숙한 나는 모든 교환은 화폐를

기반으로 이루어져야 한다고 믿었다. 자원봉사 활동을 제외하고 내 시간과 노동을 무상으로 제공한다는 것은 상상도 해 본 적이 없다. 특별한 기념일이 아닌데 다른 사람에게 선물하는 것은 주고받는 양쪽 모두에게 부담스러운 일이다. 그러나 공동체에서는 선물이 자연스럽다. 큰 금액이 아니지만 도움을 받은 사람에게 점심 한 끼 가볍게 대접하는 방식으로 선물을 주기도 하고 자신의 재능을 대가 없이 기부하기도 한다. 공동체를 구성하는 사람들이 지금껏 내가 만나 온 사람들과 크게 다르지 않을 텐데 왜 바깥과 다른 방식의 작동 원리가 적용되는 것일까? 공동체 운영의 중심에는 공부가 있다. 그들은 함께 공부하고 밥을 먹으며 서로의 일상을 나누고, 공부를 통해 터득한 지혜를 각자의 삶에 적용시켜 나갔다.

단순히 지식을 습득하려고 공부했다면 쉽게 지쳐서 지속하기 힘들었을 것이다. 그러나 공부하면서 내공을 키우고 책을 읽으며 삶의 문제를 끌고 왔다. 공부하면서 넓어진 안목으로 눈앞의 이익을 따지며 선택하고 결정하는 것이 아니라 합리적으로 사고하고 판단하려고 노력하고 있다. 공부의 목적을 지식 습득에만 둔다면 늦은 나이의 공부는 지치고 힘들 것 같다. 시험도 안 보는데 왜 공부하지? 공부해서 뭔가 자격증이라도 따야 하는 것 아닐까? 이렇게 공부할 거면 학위라도 따 볼까? 눈에 보이는 목표를 설정하면 달성하기 위해 일상의 균형을 잃을 것이고, 달성에 실패하면 다시 공부하기가 쉽지 않을 것 같다.

철학을 공부하는 최고의 경지는 '철학자처럼 생각하기'라고 한다. 공자를 공부하다 보면 공자와 내가 동화돼서 궁극에는 공자처럼 사유하는 경지에 이를 수 있다는 말이다. 내가 철학자의 경지에 이를 수 있을지는 모르지만 힘들게 읽은 책들이 나도 모르게 몸 구석구석에 쌓이는 느낌은 든다. 예전에는 세상의 속도를 따라가지 못한 나, 삶의 목표를 제대로 이루지 못한 내가 무능하고 한심하게 느껴졌다. 목표를 이루지 못한 남은 인생은 초라하게 여겨졌다. 그런데 지금은 삶의 과정을 즐기기로 했고 나는 내 식대로 살련다 하고 마음먹으니 한결 편해졌다. 목표를 달성했건 못했건 삶은 계속되고 나는 살아야 하니까.

심심한 가지 맛에 반하다

'나도 나이 들었구나.'라고 느껴질 때가 있다. 혼자서 거울 볼 때는 모르다가 20대와 함께 거울을 볼 때라든지, 최신 전자제품을 나보다 애들이 더 잘 다룰 때면 새삼 나이 들어가고 있음을 느낀다. 또 다른 경우는 음식의 취향이 바뀌었을 때다. 예전에는 거들떠보지 않던 음식들이 어느새 입에 맞아 계속 찾게 된다. 나에게는 가지가 그렇다. 가지는 특별한 맛이 없다. 익혀서 먹어도 식감이 별로 좋지 않다. 물컹하고, 흐물거리는 것이 전혀 끌리는 맛이 아니다. 그런데 요즘은 가지가 맛있다.

살짝 구워서 양념장과 함께 먹으면 설탕에서는 맛볼 수 없는 깊은 단맛이 느껴진다. 하얀 속살이 부드러운 데 반해 껍질은 상대적으로 탱탱한 느낌마저 든다. 그러나 가지의 맛을 정확하게 규정하기는 어렵다. '사과는 새콤달콤해.'라고 하면 누구나 공감할 수 있지만 가지의 맛에 대해 물어보면 '글쎄.'하고 고개를 갸우뚱할 것이다. 가지의 매력은 담백함에 있다. 강렬하지 않은 순수한 맛. 튀지 않는 맛이라서, 튀기거나 굽거나 쪄서 먹는 등 다양한 요리가 가능하다. 다른 채소나 고기와 함께 요리해도 무난하게 잘 어울린다. 이것이 가지의 맛이다.

프랑수아 줄리앙은 『무미 예찬』(산책자, 2010)에서 '담'淡(담백함)의 이로움에 대해 말한다. 그는 중국 문화의 특징이 '담'에 있다고 보았다. '담'은 중립의 가치이자 모든 가능한 것의 출발이며 서로 다른 것을 소통하게 만든다. '담'은 두드러진 특징 없이 은미하게 절제하며 삼가는 자세다. 중국의 이러한 생활 태도는 중용中庸을 탄생시켰다. 중용은 튀거나 두드러지지 않은 감정의 조화로운 상태를 말한다.

나는 무엇이든 처음 배우기 시작할 때 다른 사람에게 얘기하고 싶어서 입이 근질거린다. 내가 조금 알게 된 것으로 새로운 세상이 열리는 것을 경험하면 이를 남에게 얘기해 주고 싶어서 참을 수 없다. 『논어』를 배우기 시작할 때도 마찬가지였다. 공자님 말씀을 다른 사람들과 함께 나누고 싶었다. 당시 내가 뱉은 말의 절반 가까이는 『논어』를 인용한 말이었다. 듣다 못한 아이들이 "엄마, 공자님 얘기 좀 그만하세요!"라고 했으니 주위 사람들이 당한 곤욕이 꽤 컸으리라.

조지 레오나르드의 기준에 따르면 나는 '호사가 타입'으로 새로운 운동, 일, 대인관계에 엄청난 열정을 발휘하지만 정체 상태를 참고 견디지 못하는 편이다. 그래서 늘 새로운 일을 시작하고 호들갑 떨며 열정을 즐기기만 할 뿐, 제대로 잘하는 것은 하나도 없다. 이제껏 참 많은 것들을 배우며 살았다. 그러나 어느 하나도 끝까지 달인의 경지에 오를 때까지 배움을 유지한 것이 없다. 정체 상태를 견디지 못했고, 어려움 앞에서 굴복하며 재능이 없음을 탓했다. 나 같은 호사가 타입에게 필요한 것은 열정을 불태워 줄 재료가 아니라 스스로를 낮추고 숨기며 오히려 드러날까 조심하는 삶의 태도이다. 『중용』을 읽으며 공부하는 학인學人의 자세, 성실한 생활인의 자세를 배웠다.

"홀로 서 있어도 자기 그림자에 부끄러움이 없고, 홀로 잘 때도 자기 이불에 부끄러움이 없다."라는 말처럼 옛사람들은 자신의 감정이 드러날까 조심하고 스스로를 경계하고 두려

워하며 공부했다. 학인들은 조화롭게 살고자 애썼고 자신의
부족한 부분을 공부로 보완하려고 노력했다.

가지처럼 튀지 않지만 오랜 세월 버티며 나를 지킬 수 있
는 힘을 갖고 싶다. 내가 필요한 자리에서 두드러지지 않고
조용히 역할을 수행하며 어느 곳에나 잘 어울릴 수 있다면
지금의 공부가 헛되지 않을 것이다. 늦은 나이의 공부는 출
세하여 이름을 얻는 일이 아니니 중용의 삶의 자세를 잃지
않고 성실하게 한 발 한 발 내딛는 것이 최상의 길이라 생각
한다.

앎은 지식의 소유가 아니라 실천이다

사서를 읽으며 그동안 그릇된 편견으로 유학을 오해하고
있음을 알게 되었다. 알지 못하는 조상에게 제사 지내기 위
해서 여자들이 희생하는 의식이 유학의 전부가 아니다. 부
모가 주신 몸을 훼손하지 않으며, 부모 돌아가신 후 3년상에
얽매이는 것이 유학의 궁극적인 목적이 아니다. 공자, 맹자
가 우리에게 가르치고자 했던 것은 인간관계의 회복이다. 남
편과 아내, 부모와 자식, 형제, 친구 등의 다양한 인간관계가
생활 속에서 늘 삐걱댄다. 서로가 자신의 욕심을 앞세우며
다른 사람에게 자신의 입장만 주장하려 하면 원만해지기 어

렵다. 자신을 앞세우려는 마음을 경계하기 위해 공자는 충忠 (자신의 마음을 다하는 것)과 서恕(자신을 미루어 남을 이해하는 마음)를 강조했다.

유학에서 강조하는 덕이 있는 마음은 책을 읽는다고 저절로 자라나지 않는다. 다른 사람과의 관계 속에서 덕을 갖춘 인간인지, 그렇지 않은 인간인지 드러난다. 따라서 유학을 지학知學이라 하지 않고 행학行學이라 말한다. 책은 내 본성을 자극하여 덕을 가진 사람으로 성장하도록 하는 마중물의 역할을 할 뿐이다. 학문의 효과는 현실의 인간관계에서 내가 마음을 직접 발휘했을 때 나온다.

지식을 소유하면 할수록 교만에 쉽게 빠지는 예는 셀 수 없이 많다. 나도 뭔가를 배우기 시작할 때는 주변 사람들에게 잘난 체하고 싶어서 입이 근질거려 참을 수 없었다. 내가 알고 있는 것을 상대방이 모를 때는 속으로 무시하는 마음이 생기며 '그것도 몰라?'라며 깔본다. 그런데 무언가를 안다는 것이 뭐가 그리 중요할까? 책과 지식이 한 사람을 변화시키지 못하고 자신의 껍질을 더욱 견고하게 한다면 그것은 죽은 책이며 죽은 지식이다. 처음 책을 읽고 공부할 때 저자가 의도한 맥락을 떠나 마음에 드는 구절만 뽑아 읽으며 내 방식대로 해석하며 인용하길 즐겼다. 그러다 선생님께 호되게 꾸지람을 들었다. 저자의 의도를 무시하고 자의적으로 해석하고 인용하면 공부를 통해 자기화만 강화될 뿐이라고.

부모에게 짜증 부릴 때, 아이들에게 끊임없이 잔소리할 때 옆에서 남편은 일침을 날린다. "사서만 읽으면 뭐해. 행동이 바뀌지 않는데." 듣기 싫은 말이지만 틀린 말도 아니어서 궁색하게 입을 다물고 만다. 앎과 실천의 간극이 멀게만 느껴진다. 공자는 남을 사랑하는 마음인 인仁은 멀리 있는 것이 아니라 내가 마음먹으면 언제든 할 수 있는 것이라 했다. 다만 그치지 말고 꾸준히 밀고 나가야겠다. 읽고 되새기고 인간관계에서 배우고자 실천하려는 노력은 마음먹기에 달렸다.

이익보다 중요한 것

살면서 내가 악하다고는 생각하지 않았다. 그렇다면 나는 선한 사람인가? 우리는 선과 악의 이분법에 익숙하다. 선하지 않은 것은 악한 것이다. 그러나 유가적 사고에 의하면 선하지 않은 것은 불선不善한 것이다. 그렇다면 나는 선한 사람인가, 불선한 사람인가? 선한 마음은 법을 잘 지키고, 다른 사람에게 피해를 주지 않는 것으로 충분하다고 생각했다. 더러운 군주를 섬기는 것을 부끄러워하지 않고, 작은 벼슬을 낮게 여기지 않고 그 도리를 다한 유하혜柳下惠는 '너는 너이고 나는 나이니, 네가 비록 내 곁에서 옷을 걷고 몸을 드러낸

들 네가 나를 어찌 더럽힐 수 있겠느냐.' 하고 생각했다. 다른 사람과 나를 구분하고 나만 바르게 살면 된다고 생각한 유하혜를 맹자는 간략하고 거만하다고 평가하니 맹자의 관점으로 보면 유하혜는 선한 사람이 아니다. 나는 평소 유하혜와 다른 생각을 하지 않았으니, 나 역시 선한 사람이 아니다. 그러나 맹자는 인간이라면 누구나 우물가에 빠지려는 아이를 즉각적으로 구하고자 하는 마음이 있다고 보았다. 나와 관계없는 아이지만 위험한 순간에 구하려는 마음은 다른 사람의 불행을 차마 두고 보지 못하는 측은지심惻隱之心이다. 맹자는 이 마음이 선한 본성의 씨앗이라고 했다. 나에게도 이러한 선한 씨앗이 있으니 이것을 잘 기르면 선한 사람이 될 수 있지 않을까?

예전과 달리 지금 내 삶의 중심에는 공부가 있다. 내 공부는 목표, 학위, 졸업장이 없는, 흔적이 남지 않는 공부다. 흔적이 없으니 사회에 나가 써먹을 수도 없다. 친구와 가족 들은 뒤늦게 공부에 발동 걸린 나를 보고 차라리 대학원에 가서 학위를 받으라고 말한다. 학위는 돈과 연결될 수 있는 가능성을 의미한다. 나 역시 공부를 시작할 즈음에 그런 고민을 하지 않은 것은 아니다. 이왕 할 것 돈 되는 것으로 해 봐?

자본주의 사회에서 돈과 교환할 수 없는 가치는 쓸모없는 것으로 여겨진다. 그러나 나는 돈도 되지 않고 친구들에게 자랑할 학위도 없는 공부를 하느라 내 시간의 대부분을 쏟고 있다. 이사 후 집과 공동체 사이의 장거리 왕복 100킬로미터는 장애가 되지 않는다. 공동체를 오가느라 하루에 쏟는 기름 값은 2만 원이 넘는다. 한 달이면 4번을 오가니 10만 원 가까운 돈이 무용無用한 공부를 위해 쓰이는 셈이다. 단지 이익만 따진다면 10만 원이란 돈이 아까울 수 있다. 그러나 맹자는 이익만을 따지는 양혜왕에게 "하필왈리"何必日利(하필이면 이익을 말하십니까)라며 일갈하지 않았던가.

김영민은 공부란 돌이킬 수 없는 변화라고 말한다. 변화의 길 위에서는 더 이상 돈의 교환 가치를 계산하지 않는다. 이익보다 우선하는 기준은 일의 마땅함이다. 나는 공부를 통해 습관적으로 사는 삶에 의문을 품었고, 올바른 삶의 방식을 고민하게 되었다. 더 많이 가지려고 아등바등하는 삶보다 가치 있는 삶에 주목하게 된 것은 공부가 내게 준 선물이다. 삶의 수많은 선택의 기로에서 이익利이 아니라 마땅함, 즉 의義를 기준으로 결정하려고 노력하는 중이다. 이런 노력이 나를 성장시킬 것이라 믿고 내 삶을 후회 없이 이끌어 주리라 생각한다.

지금의 공부는 눈에 보이는 궤적을 그리며 나아가지는 못하지만 내 안에 쌓이고 있음을 느낀다. 소위 말하는 '내공'이다. 돈으로 살 수 있는 것들만 생각하던 삶에서 인간으로서 보다 올바르게 사는 것이 무엇인지 고민하는 삶으로 옮겨 간다. 공부를 중심으로 삶을 재배치하면 자연스럽게 소유가 불

　　　　　　　　　　　ㅣ마흔에 다시 시작하는 공부

필요하게 여겨진다. 공부는 돈의 가치보다 다른 사람과의 관계 속에서 내가 어떻게 행동할 것인가를 고민하게 하고, 나에게 직접적인 이득이 없는 일에도 관심을 잃지 않는 동력을 제공한다.

맹자가 말하는 수양의 기본인 '의리를 쌓는 행위'(집의集義)는 특별한 환경에서 목숨을 거는 용기를 담보로 실천할 수 있는 것이 아니다. 살면서 우물가에 빠지려는 아이를 구하는 순간이 몇 번이나 되겠는가. 절체절명의 순간에서 결단하는 행위를 통해서만 의를 축적할 수 있다면 그동안 맹자가 말한 선한 본성을 실천할 수 있는 보편성과 거리가 멀다. 맹자도 그 점을 알았기 때문에 일상 속에서 인간답게 살 수 있도록 노력하라고 말했을 것이다. 매 순간 이익이 아닌 인간으로서 부끄럽지 않은 결정이 무엇인지 고민하며 살 것이다. 인간답게 살기 위해 생각하는 마음이 제대로 작동할 수 있도록 끊임없이 공부하는 것이 지금 내가 할 수 있는 최선의 집의 방법이 아닐까.

천복을 좇는 삶

자신의 내면의 소리에 귀 기울이고 인생을 충실하게 사는 것을 두고 조지프 캠벨은 『신화의 힘』에서 "자신의 천복을 좇는 삶"이라고 했다. 책을 읽고 글을 쓰며 공부하는 삶은 나의 의식을 나와 내 주변의 삶으로 돌려놓았다. 글을 쓰려면 나를 잘 알아야 하고, 나를 잘 알아야 책을 골라 읽을 수 있었다. 이러한 과정은 내가 좋아하는 것, 하고 싶은 것에 대해 진지하게 고민하게 했고 내가 원하는 것을 좇으며 살아가도록 도와주었다.

나는 현재의 삶에 만족한다. 기본적인 생계를 걱정 없이 해결하고 있고, 가족들은 건강하다. 각자의 자리에서 나름대로 열심히 노력하며 살고 있다. 매일 저녁 함께 밥 먹으며 소소한 일상을 나눌 수 있는 여유가 있고, 가족들과 넘치는 사랑을 주고받고 있다. 책을 읽고 생각하며 조금씩 성장해 가는 것을 느끼고, 나이가 들어도 하고 싶은 일을 가지고 있다.

내가 하고 싶은 마음을 솔직하게 따라가면서 잠이 많은 나는 새벽 다섯 시에 일어나는 부지런함을 선물로 얻었다. 『아침형 인간』이라는 책이 유행했을 때 무던히 따라하려고 애써도 실패했는데 지금은 특별한 노력이 없어도 눈이 떠지는 나 자신이 신기하다.

천복을 좇으면, 나는 창세 때부터 거기에서 나를 기다리던 길로 들어서게 됩니다. 내가 살아야 하는 삶은 내가 지금 살고 있는 삶입니다. 이걸 알고 있으면 어디에 가든지 자기 천복의 벌판에 사는 사람들을 만납니다. 그러면 그

ㅣ마흔에 다시 시작하는 공부

사람들이 문을 열어 줍니다. 그래서 나는 자신 있게 사람들에게 권합니다. "천복을 좇되 두려워하지 말라, 당신이 어디로 가는지 모르고 있어도 문은 열릴 것이다."

— 조지프 캠벨 · 빌 모이어스 지음, 이윤기 옮김, 『신화의 힘』

나의 천복의 벌판에 있는 사람들이 문을 열어 주어 물 흐르듯 순조롭게 사는 건지는 잘 모르겠지만 마음 편안하게 일상을 즐기는 삶이 소중하다는 생각이 든다. 부족하고 서툴지만 내 속도대로 사는 삶, 서두르지 않는 삶에서 행복을 느낀다.

II 공부하는 엄마들

홍미영

1.

나를 찾아서

내가 다닌 회사에서는 자기 계발을 장려했다. 스티븐 코비의 『성공하는 사람들의 7가지 습관』을 직원들에게 필독서로 추천했고, 매달 자기 계발비를 지원해 주었다. 직원들은 미국인에게 매주 두 번 영어를 배웠고, 사내외 자기 계발 프로그램에 적극적으로 참여했다. 회사 일이 익숙해지며 재미없어지려던 찰나에 시작한 자기 계발은 나를 다시 직장에 헌신하게 했다. 자기 계발서에서 말하는 인생은 두 종류다. 성공한 인생과 실패한 인생. 성공하지 못한 모든 인생은 실패로 간주했다. 자기 계발서를 읽는 동안 실패는 유보됐지만, 그럴수록 성공에 대한 보이지 않는 압박은 커졌다.

뭐가 성공인지도 모른 채, 아무튼 성공을 위해 습관의 변화를 시도했다. 이불을 말고 누워 사색하기를 좋아한 나는 아침형 인간이 되기로 마음먹었다. 그런데 항상 3일이 지나기도 전에 벽에 부딪혔다. 뇌 속의 변연계가 갑작스레 밀어닥친 변화를 위기 상황으로 간주한 모양이다. 반발력이 작용했고, 그 크기는 원래 가한 힘에 비례했다. 인위적으로 시도한 변화는 습관으로 정착되지 못했다.

오기가 생겼다. 자기 계발서 실천 방법의 하나부터 백까지 할 수 있는 건 다 시도했다. 새벽 5시, 알람 소리에 잠이 깨면 비몽사몽인 뇌를 세뇌했다. "아, 행복해!"라고 세 번 읊조린다. 외계인을 보듯 황당해하던 남편도 좀 지나자 그러려니 했다. 충분히 세뇌되었다 싶으면 누운 채로 가볍게 체조를 하며 오늘의 할 일을 머릿속에 띄웠다. 이불의 유혹을 떨치고 일어나, 일정표에 할 일들을 꽉꽉 채우며 예상 소요 시간까지 꼼꼼히 계산해 넣었다. 삶은 점점 바쁘게 돌아갔다.

지쳤다, 자기 계발

정기적으로 인생 로드맵을 점검했다. 100세까지 그려 놓은 인생 로드맵은 공부방 벽에 걸어 둔 커다란 게시판 한가운데 붙어 있었다. 소망 목록과 긍정 글귀로 무장한 게시판은 뇌를 세뇌해 계속 달리게 하는 장치였다. 게시판의 최면 효과는 막강했다. 재산 불리기는 단연 중요한 일 중의 하나였다. 적은 돈이라도 부동산·예금·주식·채권 등 분산 투자는 필수였고 복리이자나 수익률이 0.01퍼센트라도 높은 곳에 투자했다. 시간도 돈이었다. 바깥일과 가사를 병행하면서 아쉬운 것은 시간! 그래서 여러 가지 일을 동시에 하는 건 달인이 되다시피 했다.

자투리 시간 활용에도 일가견이 있다고 자부했다. 그런데 정계에서 은퇴한 거물급 인사를 시아버지로 모시고 사는 친구의 말을 듣는 순간 벌어진 입을 다물 수 없었다. 친구의 시아버지는 "7시 1분에 보자." 하며 시간 약속을 잡는다고 했다. 맙소사! 7시도, 7시 5분도 아니고 7시 1분이라니! 성공하려면 시간을 1분 단위까지 쪼개 써야 하나 생각하니 숨이 턱 막혔다. 초 단위 시간 경영도 자기 계발서의 단골 문구이긴 했지만, 기계도 아닌 내가 보좌관도 없이 시간을 1분 단위까지 관리한다는 건 말이 안 되는 일이었다. 생각 없는 성실한 노예처럼 일해 온 나에게 남은 건 찢어진 성공 우산을 들고 욕망의 비에 젖은 지친 몸뿐이었다. 그럴듯한 성공 신화인 줄 알았던 자기 계발서는 성공보다 위에 있는 욕망 때문에 절대 만족할 수 없는 희망 고문일 뿐이었다.

자기 계발서의 패러다임을 버리기로 했다. 어떻게 살든 지금과는 다르게 살리라고 마음먹었다. 삶을 지배하던 만성 피로와 긴장감이 썰물처럼 빠져나갔다. 뭔지도 모르면서 열심히 실천했던 부와 명예를 향한 자기 계발적 믿음과 근면 성실의 길을 내려놓은 후 평생 즐겁게 할 만한 다른 길을 찾기로 했다. 부지런히 다른 길을 찾으며 소소한 자격증을 여러 개 취득했으나 새로운 길을 찾는 데 도움이 되진 않았다. 그래도 다른 길을 찾아 이것저것 읽고 배우던 중에 수많은 질문들을 만났다. 이 중에서 일부는 내 삶의 방향을 다시 생각하게 했다. 이를테면 이런 것이었다.

"5,000억 원을 가진 75세 노인이 마흔 살인 당신에게 자신의 재산을 모두 줄 테니 삶을 통째로 맞바꾸자 한다면 바꾸겠는가?"

생각해 보았다. 삶을 바꾸지 않을 때 잃게 되는 기회 비용은 연간 약 143억 원, 하루로 환산하면 약 3,900만 원, 시간으로 계산하면 1시간에 약 163만 원이다. 자기 주도 학습 지도자 과정 수강생이던 나와 십여 명의 주부들은 진지하게 생각해 본 후 대답했다.

"5,000억이라는 큰돈이 생긴다 하더라도 앞으로 35년간의 인생과 바꾸지는 않겠다."

부富라는 결과를 얻기 위해 삶이라는 과정을 통째로 잃을 순 없었다. 이런 종류의 질문들을 계기로 나는 인생에 대해 다시 생각하게 되었다. 돈이든 성공이든 어차피 충분한 건 없는데, 나는 그동안 남들 시선을 의식하며 말초적인 욕망에서 벗어나지 못했다. 달걀은 부화 과정을 거쳐 병아리가 된

후 닭이 되는 것인데 여태껏 닭이라는 결과에만 초점을 두면서 다른 닭만 찾아 온 격이었다. 진정한 다른 길이란 다른 닭을 찾는 것이 아니라 나만의 알을 찾아 품는 일이라는 걸 깨달았다.

다른 삶의 길을 찾아

진짜 하고 싶은 일을 원점에서부터 찾기 시작했다. 거의 읽지 않던 분야의 책들을 읽기 시작했다. 책장 구석에 처박혀 먼지만 뒤집어쓰고 있던 책들이 빛을 보게 되었다. 과학, 철학, 고전 문학 등 낯선 책들은 예상외로 재미있었다. 오랜동안 외면했거나 몰랐던 걸 하나씩 알아 가는 과정이 경이로웠다. 공부라는 놀이에 책은 최고의 장난감이자 보물이었다. 책으로 주변을 채우고 나니 밥을 먹지 않아도 배가 불렀다.

늦게 배운 도둑질에 날 새는 줄 모른다고, 뒤늦게 앎의 기쁨에 빠져 견고하던 생활 습관에도 변화가 생겼다. 몰입해서 책을 읽다가 식사 시간을 지나치기도 했고, 아침에 밥솥을 열며 밥 대신 생쌀과 마주하기도 했다. 첫사랑 같은 설렘을 공부하며 느끼게 되니 남편이 찬밥 신세가 되기도 했다. 공부를 통해 두뇌가 활성화되며 십 년은 젊어진 기분도 들었다. 시간 관리 따위야 아무렴 어떠냐는 마음도 있었지만, 일상의 균형을 찾기 위해 다시 노력하긴 했다. 지나친 건 부족함과 같다는 걸 실감했기 때문이다.

어떤 공부를 하든, 하다 보면 인문학과 연결되었다. 알고 보니 모든 공부의 바탕에는 광범위한 인문학이 있었다. 철학, 문학, 역사, 언어, 예술 등 인간에 대한 탐구 과정이 고스란히 담겨 있는 인문학을 공부하면 나와 세상을 조금 더 알게 될 것 같았다. 그렇게 되면 삶의 의미는 무엇인지, 내가 진짜 하고 싶은 일은 무엇인지도 자연스레 알게 되리라고 생각했다. 그래서 인문학을 공부하며 나와 세상을 알아보기로 했다.

남편도 내가 공부하는 걸 마음으로 지지해 주었다. 단, 아침밥을 잘 챙겨 준다는 전제 아래 말이다. 나도 아침에 밥솥을 열며 생쌀과 만나고 싶진 않았다. 그런데 알을 혼자 품고 앉아 있으려니 제대로 품고 있는 건지, 기다리면 부화를 하긴 하는 건지 슬슬 걱정되었다. 혼자서 책을 읽고 혼자서 생각하다 보니 저자의 뜻을 제대로 이해한 것인지 내가 이해한 것이 전부인지 알 수 없었다. 내가 편견에 빠진 건 아닌지, 다른 사람들은 같은 책을 읽고 어떻게 생각하는지도 궁금했다. 남편과 세상 돌아가는 얘기는 하곤 했지만, 인문학 책을 읽으며 함께 공부할 분위기는 아니었다. 누구든 함께 열심히 공부할 사람이 있으면 좋겠다고 바라던 차에 어느 일간지 칼럼에서 인문학 공동체를 발견했다.

1년 전 쯤, 적잖은 망설임 끝에 인문학 공동체의 문을 두드린 나는 깜짝 놀랐다. 생각보다 훨씬 많은 주부가 인문학 강의를 듣거나 크고 작은 공부 모임에 참여하고 있었다. 인문학 공동체에서 나 같은 주부들을 만나니 반갑고 신기했다. 무엇이 엄마들을 집에서 가깝지도 않은 인문학 공동체로 이끌었을까?

　주부들에게 직접 물어보았다. 인터뷰한 스무 명 안팎의 주부들이 인문학 공부를 시작한 동기는 모두 달랐다. 과정이나 내용도 제각각이었다. 이들의 표면적인 공부 동기는 자녀 교육을 위해서와 자기 삶을 위해서로 크게 나눌 수 있는데, 그 두 측면은 엄마라는 역할 아래 톱니바퀴처럼 맞물려 있기도 했다. 인터뷰를 진행하다 보니 달라 보이던 동기와 과정 그리고 내용의 이면에 같은 마음이 보였다. 그것은 인간으로서 맞닥뜨릴 수밖에 없는 어떻게 살 것인가라는 질문과 이에 대한 해답 찾기로 수렴되는 듯했다.

인터뷰 A **아이에게 보여 주려고**

　전업주부 A의 초등학교 2학년 아들은 일거수일투족을 엄마에게 보고하면서 품 안의 자식 노릇을 단단히 했다. 아이는 엄마가 집에 없으면 불안해했다. 아이는 학교에서 반장을 하며 공부도 그럭저럭 했지만, A는 더 열심히 공부하지 않는 아이가 못마땅했다. 알게 모르게 잔소리가 늘자 아이는 점점 듣기 싫어했다. 아이가 학교 들어가기 전부터 책을 많이 읽어 주었던 A는 얼마 전부터 "이 주인공은 어때? 너랑 어떤 면이 닮은 것 같아?" 하고 아이에게 질문하기 시작했다. 억지로 질문과 답을 하려니 아이는 "묻지 마. 몰라!" 하면서 자기 방으로 들어가 버렸다. A는 아이가 질문이 없어서 지식 확장이 안 된다며 아이 학교 성적이 떨어질까 내심 걱정했다.

"아이를 다그치면, 아이는 '지금 나 혼내는 거지?' 하고 반응해요. 그럼 아이가 불쌍해서 '아이고, 내 새끼! 잘한다, 잘한다.' 하죠. 그러다 보면 며칠 후 아이의 흐트러진 모습에 다시 화가 나요. 그러면 아이를 또 잡고, 다시 불쌍해서 또 봐주고, 이렇게 냉탕 온탕이 반복되죠."

이래선 안 되겠다 싶었던 A는 다른 사람 얘길 듣고자 독서 지도 교육에 참여했다. 열심히 교육을 받은 후 아이한테 보여 주려는 사심을 가득 품고 책을 읽기 시작했다. 엄마가 책 읽는 모습을 보여 주면 아이도 책을 읽을 거라는 독서 전문가의 말을 따른 것이다. 독서가 답이라고, 잔소리 하지 않으면서 아이가 공부하도록 만드는 길이 엄마 먼저 책 읽기라고들 하니까, 나를 보고 따르라는 심정으로 실천해 본 것이었는데, 정말 신기하게도 엄마가 책을 읽으면 아이도 텔레비전을 끄고 앉아 책을 읽었다. 하지만 "내가 텔레비전을 켜면 아이도 책을 놓고 다시 텔레비전을 켜더라."라고도 했다.

"아주 쉬운 방법이었지만 꾸준히 읽지 않으면 소용없었어요. 그래서 귀찮을 때도 있었지만 매일 읽으려고 노력했죠. 아이와 소통이 힘든 것도 나 때문이라는 걸 공부하면서 깨달았어요."

냉탕 온탕을 오가는 다혈질 엄마가 아이를 망친다는 사실은 책을 읽으면서 알게 되었다. 독서 지도사들의 얘기를 듣고서『아이의 사생활』시리즈 중 자존감 편을 읽으며 그동안 본인이 아이의 자존감을 짓밟아 왔다는 걸 깨달은 것이다. 그는 자신의 독서가 빈약해 자존감도 떨어지고 단단한 사람이 되지 못한 것을 아이에게 투영해 아이만 들들 볶고 있었다. 엄마가 중심을 가지고 지켜봐야 아이도 기복 없이 안정된다는 사실을 뒤늦게 알게 되었다.

"냉탕 온탕을 오간 것도 수양이 부족했기 때문입니다. 그런데 수양에도 독서가 필요했지요."

책에 위안과 답이 있다는 걸 깨달은 뒤부터 아이에게 보여주려고 억지로 읽는 대신 자기 자신을 위한 독서를 시작했다. 주부 A가 진정으로 자신을 위한 독서를 한 것은 열한 살때 아버지가 사 준『어린이 명심보감』에 질려 책과 멀어진 후 거의 처음이었다. 아이를 위한 교육서와 소설을 중심으로 읽다가 어느 순간부터 동양 고전에 눈을 돌리기 시작했다.

왜『논어』와『중용』을 선택했느냐고 물었더니, "지식도 얻고 인격 수양도 하고 싶어서."라고 대답했다. '사람의 길'을 주제로 진행된 도올 김용옥 선생의 동양 고전 강의를 재미있게 들은 경험 때문이기도 했단다. 자신이 괜찮은 사람이 되면, 자신이 세상을 향한 질문을 하고 열심히 답을 모색하면 아이도 그러지 않겠느냐는 것이었다. 그는 "솔직히 아이에게 보여 주려는 마음이 여전히 남아 있긴 하다. 그래도 책을 거의 읽지 않던 나에게는 이 정도의 변화도 의미 있다고 생각한다."라며 웃었다. 한편 소설은 사람 사는 이야기가 있어서 재미있다고 했다. 소설에 설사 전혀 다른 시대나 배경이 등장하더라도, 그 속에 담긴 작가의 감정과 이야기를 따라가다 보면 삶의 폭이 그만큼 넓어지고 깊이 또한 더하게 된다는 이야기였다.

남편도 좋은 책을 함께 읽으면 좋겠는데 직장 일에 파묻혀 살다 보니 자기 계발서 외에는 읽지 않는다며 안타까워했다. A의 집 근처에는 인문학 공동체가 없다. 아이가 아직 어려서 매주 먼 곳까지 배우러 다니긴 부담스러운 그는 인문학 공동체에서 공부하는 친구를 만날 때마다 무슨 공부를 하는지 얘기를 들으며 아쉬움을 달랜다고 했다.

"직접 경험하고 공부한 것을 토대로 아이 초등학교에 와서 독서 지도 교육을 하는 엄마들의 모습이 좋아 보여요. 꼭 돈 버는 일이 아니더라도 그들처럼 '나만의 일'이 있으면 좋겠어요. 아이가 더 크면 아이와 함께 『논어』를 읽으며 대화하고 싶은데 아이가 『논어』를 좋아하게 될지 모르겠습니다."

그는 여러 가지를 욕심내기보다는 지금은 일단 중도에 포기하지 않고 매일 꾸준히 책 읽는 습관을 기르고 싶다고 말했다. 그러면서 아이가 자라 곁을 떠나고 싶어 할 때 아이에 대한 서운함에 사로잡히거나 공허해지지 않도록 마음의 준비를 해야 할 것 같다고도 했다. 아이한테 보여 주려고 시작한 A의 공부는 자신의 마음을 들여다보며 성찰하는 공부로 바뀌고 있었다.

인터뷰 D **잃어버린 나를 찾아서**

"나를 잃어 가는 것이 우울했어요. 가족을 위한 삶에만 머물러 있는 지친 내 모습을 견디기 힘들었죠. 스트레스가 극에 달해 있었습니다."

주부 D는 거의 매일 술을 마셨다. 같은 아파트에서 오가며 만난 네다섯 명의 동갑내기 주부들과 오전 11시부터 오후 3시까지 술을 마셨다. 유치원에 다녀온 아이를 학원에 보낸 뒤 저녁 준비하면서 술이 깨면, 밤 9시쯤 다시 모여 새벽까지 맥주를 마시기도 했다. 아이가 싫어하지 않았느냐고 물으니 친구들과 함께 놀 수 있어서 아이도 오히려 좋아했다고 한다. 그는 아이의 일정에 맞춰, 친구들과 만나며 서로 위로

하고 술 마시는 생활이 유일한 낙이었다고 했다. 가정에 지장을 주지 않으면서 일탈할 수 있기 때문에 많은 주부가 아마 지금도 술을 마시며 살 거라고도 했다.

결혼하면 모든 게 다 해결될 줄 알았다는 D의 결혼 생활은 순탄치 않았다. 아이 키우는 게 힘들었다. 긍정적인 엄마는 아이와 함께하는 것만으로도 행복하다지만 그는 그렇지 않았다. 처음엔 아이에게 온전히 헌신하는 삶을 숙명처럼 받아들였지만 시간이 갈수록 힘들고 외로웠다. 그는 아이만으로 기쁨을 느낄 수 있을까 고민했지만 결국 아이는 아이고 엄마는 엄마라는 결론에 이르렀다. 그러던 중 우연히 마음에 맞는 주부들을 만나면서 다른 대안은 생각할 겨를도 없이 술에 빠진 것이다. 하지만 아무리 마셔도 술로는 잃어버린 삶을 채울 수 없었다.

"친구들과의 좋은 관계 때문에 다른 길을 찾지 않게 된 면도 있는 것 같아요. 가끔은 술친구들과 '생각은 하며 살자. 책도 좀 읽자.'라는 얘기를 하며 몇 권의 책을 돌려 읽기도 했지만, 꾸준히 이어지지는 않았어요. 술을 마시지 않게 된 건 이사하면서 술친구들과 멀어진 덕분이었습니다. 그러다 보니 살도 빠지고 몸도 좋아지고 책과도 가까워졌지요."

차분히 앉아 책을 읽다 보니 학창 시절 자신이 책 읽기를 꽤 좋아했다는 기억이 떠올랐다. 학창 시절 D는 추리 소설과 만화에서 시, 소설, 종교 서적까지 다양하게 읽었다. 조병화 시인을 좋아했고 박인환의 시는 외우기도 했다. 문학은 무거운 작품을 주로 읽었다. 『성서』나 기독교 관련 작품을 읽고 나서는 메탈 음악을 좋아하는 친구와 종교 논쟁을 벌이기도 했다. 모든 것이 혼재되어 자아에 대한 고민이 많은 시기였다.

"책을 다시 읽다 보니 방전된 에너지가 충전되는 느낌이었어요. 내 안의 나를 글로 표출하고 싶었습니다. 대학원에 갈까도 생각했는데 아이 키우면서 쉽지 않을 것 같아 고민하던 차에 인문학 공동체를 알게 되었지요."

그는 글쓰기 반에 등록했다. 결혼한 뒤 공부를 위한 첫 나들이를 한 셈이었다. 글의 기본기를 다져 보자는 마음이었다. 돌아보니 대학 시절 그는 동아리나 단체의 자료집을 만들기도 하고, 여러 장르의 글을 쓰기도 했다. 사람들한테서 잘 쓴다는 칭찬도 자주 받았다. 인문학 공동체에서 글쓰기를 공부하며 자신의 글을 검증받고 싶었다.

인문학 공동체의 첫 인상은 제도권 대학의 분위기와는 확실히 달랐다. 자발적으로 강의에 집중하는 모습이었고, 억지로 공부하는 느낌은 없었다. D는 글쓰기를 매개로 사람을 만나는 게 신선했다. 같은 내용의 글을 읽으며 참여자마다 다르게 해석하는 것도 재미있었다. 혼자서 책만 읽는 것보다는 같이 읽고 각자 써 온 글로 토론하는 게 좋았다. 수업을 마친 뒤 인근 찻집으로 자리를 옮겨 글의 구성은 물론이고 단어

하나, 문장 하나를 놓고 몇 시간씩 토론하기도 했다. 그러다 보면 자신도 모르게 글쓰기를 하기 전보다 사고의 지평이 더 확장돼 있음을 느꼈다.

뒤늦게 대학원에 들어간 친구의 얘기를 들으며 대학원에 가지 않길 잘했다는 생각도 들었다. D의 친구는 대학원에서 책을 읽으며 풍부한 대화를 나누는 걸 기대했다. 그런데 다들 학점은 얼마나 받아야 할지, 논문은 어떻게 써야 빨리 통과될지에만 관심 있다고 했다. 학점과 발표 이야기 말고는 대학원생들과 교류할 만한 게 없었단다.

D는 기왕 시작한 김에 버킷리스트를 만들어 하고 싶은 것을 다 해 보겠다고 말했다. 지금은 글쓰기에 만족하지만 머잖아 인문학 공동체에 개설된 대안 대학원 같은 곳에서 더 깊고 체계적인 공부도 해 보고 싶단다. 뒤늦게나마 글쓰기를 하다 보니 좀 더 많이 공부하고, 많이 생각해야 할 이유를 깨달았다고 했다.

"술과 달리 공부를 통한 위안과 기쁨은 지속적인 것 같습니다. 뒤늦은 공부를 통해 잃었던 나를 채우며 세상과 교감하는 과정이 행복합니다."

Ⅱ 공부하는 엄마들

주부 R는 이른바 고음 불가 소프라노였다. 대학에서 성악을 전공했지만, 고음이 열리지 않아 졸업과 동시에 성악가의 길을 접었다. 그는 꿈을 이루지 못한 자신을 실패자라 여겨 왔다. 음악에 대한 미련이 남아서 못 가 본 길에 대한 동경은 나날이 커졌다. 결국 30대 중반에 다시 음악을 시작했다.

"어릴 때 꿈꾼 그 경지까지 가는 건 쉽지 않겠지요. 그래도 하는 데까지는 해 봐야 후회가 없을 것 같아요. 고음이 정말 안 되는 건지, 아직 방법을 모르는 건지도 확인해 보고 싶고요."

어릴 때는 뭘 모른 채 성악을 시작했다. 노래를 곧잘 한다는 말을 들으면서 고등학교 다닐 때부터 오페라 가수의 꿈을 키웠다. 그땐 성악을 전공할 만큼 재능이 있는지 고려해 보지도 않았다. R는 이 길이 이렇게 어려울 줄 알았으면 시작도 안 했을 거라고 했다. 그래도 시작은 했고 하다 보니 재미는 있었다. 문제는 재능의 한계였다.

이를 비교적 직시하면서도 뒤늦게 다시 공부를 시작한 R는 자신이 원하는 경지에 도달할 수 있는지가 가장 궁금했다. 원하는 경지까지 갈 수 없다면 갈 수 있는 곳은 어디일까에 대한 판단이라도 하고 싶었다. 그는 머리로만 하는 공부에는 한계가 있다는 걸 알고 있었다. 특히 음악은 아무리 열심히 해도 가슴으로 하지 않으면 감동을 줄 수 없는 분야였다. 노래 잘하는 사람은 많지만, 말로 설명하기 어려운 그 무언가가 없는 사람이 대부분이었다. 기술은 예술의 토대가 되지만 기술만으로는 부족했다. 영혼의 숨결이 있어야 했다. 그는 이를 조화와 생화의 차이로 설명했다.

"조화는 완벽해도 생명이 없지만 생화는 부족해도 사람의 시선을 끌잖아요. 조화는 아무리 잘생겨도 못생긴 생화를 따라갈 수 없어요. 그래서 예술은 완벽한 조화이기보다는 생명력 있는 생화여야 한다고 생각해요."

공부를 시작한 자세가 다르다 보니 방향도 달라졌다. 무엇보다 성악의 정체가 궁금했다. 성악을 전공했으면서도 성악에 대해 잘 모른다는 사실을 뒤늦게 깨달은 것이다. '성악! 너는 뭐냐?'에서 시작한 물음은 점차 '서양 음악! 너는 뭐냐?'로 넓어졌고 이 물음은 '예술은 무엇인가?'로 확장되었다. 성악 발성에서 시작한 공부가 예술로, 인문학으로 확장됐다. 다행히 좋은 선생님을 만나 발성이 어느 정도 되니 이탈리아 가곡과 프랑스 가곡을 예술적으로 부르고 싶었다. 그러기 위해서는 악보의 가사를 더 잘 이해해야 했다. 이탈리아어와 프랑스어를 공부했다. 성악의 꽃인 오페라 아리아를 공부하며 오페라 자체에도 관심이 생겼다. 오페라를 공부하다 보니 음악 역시 인간에 관한 이야기라는 걸 알게 되었다. 음악은 음악만 해서는 결코 알 수 없는, 종합 예술이자 인문학이었던 것이다. R의 공부는 언어, 문학, 역사, 철학, 미술 등으로 넓어졌다. 그는 이러한 공부가 영혼이 담긴 연주를 끌어내는 데도 도움이 되리라고 믿는다.

"처음에는 입문 강의만으로도 좋았어요. 그런데 공부하다 보니 깊이 있는 강의를 찾게 되더라고요. 그래서 지금은 집에서 멀더라도 깊이 있는 강의가 열리는 곳을 찾아갑니다."

원하는 양질의 강의를 듣기 위해 인문학 공동체를 찾게 된 R는 뭘 모를 땐 알 수 없던 강의의 미세한 차이를 갈수록 크게 느낀다고 했다. 음악을 모를 땐 잘 알 수 없던 작은 차이를 공부를 할수록 크게 느끼듯, 인문학 역시 공부할수록 강의의 수준 차이가 점점 크게 느껴져서 좋은 강의를 들을 땐 차원이 다른 감동으로 다가온다고도 했다. 이런 강의가 강사에게만 달린 것은 아니었다. 강의의 질은 강사와 수강자의 상호 교감에 따라서도 달라졌다. 좋은 강의를 만드는 건 강사 못지않게 수강자이기도 했던 것이다.

음악 공부의 든든한 지원군은 남편이다. 그의 남편은 클래식보다는 대중음악이 좋다고 하면서도 아내가 하는 클래식 공부를 물심양면 지원한다. R는 이런 남편이 미안하면서도 고맙다. R가 전문가, 즉 프로가 되고 싶어 하는 이유도 여기에 있다. 적잖은 돈이 드는 음악을 평생 배우기만 할 수는 없기 때문이다. 그는 머리로만 배운 게 아닌, 몸으로 부딪쳐 가며 제대로 배운 진정한 전문가가 되고 싶다고 했다. 그렇다고 최상의 연주자, 최고의 무대를 찾는 것은 아니다.

"내 노래와 이야기를 이해하고 들어 줄 사람이 있는 곳이라면 어디든 상관없어요."

R가 시작한 공부의 여정은 어디까지일까. 그는 원하는 만큼 얻지 못하더라도 갈 수 있는 데까지 그 길을 가 볼 계획이다. 결론을 짐작한다 하더라도 직접 가 보지 않고서는 말할 수 없다. 물론 실패할 가능성도 크다. 그럼에도 그는 가 봐야 한다고 생각한다. 그에게 공부의 여행은 그런 것이다.

"제가 걷는 길에서 무엇을 만날지 알 수 없습니다. 어쨌건 지금은 예술을 중심으로 하는 인문학 공부가 정말 좋습니다. 그래서 행복합니다."

2.

왜? 재미있으니까!

주부들이 공부하는 이유는 다양하다. 지적 호기심을 못 이겨 공부한다는 주부, 책 읽는 시간이 여행 같다는 주부, 고전 속의 다양한 인물들과 대화하는 것이 즐겁다는 주부가 있는가 하면 가슴속에 있는 뭔가를 꺼내어 멋진 글을 쓰고 싶다는 주부도 있다. 밥 먹고 잠자듯이 공부가 일상이 됐다는 이도 있고, 아이에게 무식하다는 말을 듣고 충격을 받아 시작했다는 이도 있다. 나이 든 주부 가운데는 치매 예방과 두뇌 운동을 위해 공부만큼 좋은 것이 어디 있느냐며 반문하는 이도 있다. 이것저것 다 해 보고 나니 남은 게 인문학뿐이라며 웃는 이도 있다. 표면적인 공부의 계기는 이렇듯 다양하지만, 그 바탕에는 하나로 수렴되는 공통점이 있다. 어떻게 살 것인가에 대한 고민과 이에 대한 해답 찾기다. 그리고 이는 지금과는 다른 삶, 다른 나, 다른 관계, 다른 세상에 대한 꿈을 현실에서 구체화하는 공부로 진화하고 있었다.

이들이 공부를 지속하게 하는 힘은 무엇일까? 재미와 보람이다. 어느 정도 공부를 지속한 이들은 한결같이 재미와 보람으로 여기까지 왔다고 입을 모았다. 공부가 재미있고 보람차서 친구 만나기나 여행, 심지어는 집안일까지 줄여 가며 책을 들거나 인문학 공동체를 찾는다고 했다. 물론 처음 공부를 시작했을 때의 막막함을 이야기하는 이들도 많았다. 인문학을 하면서 느끼는 보람은 아픔이라는 이도 있었다. 공부를 하기 전에는 무심했던 것들을 다시 생각하면서 불가피한 고통스러움. 하지만 이들도 돼지의 행복보다는 사유를 통해서만 가능한 고통스러운 인간의 행복이 공부를 지속시키는 힘이라는 점에 동의했다. 그렇다면 이들은 구체적으로 무엇을 어떻게 공부하는 것일까? 공부하는 인문학 공동체를 중심으로 주부들의 공부 풍경 안으로 들어가 보았다.

불편해하고 아파하라

인문학을 공부하겠다며 책을 집어 드는 이들의 상당수가 머잖아 공부를 중단한다. 공부의 재미를 맛보려면 일정한 고개를 넘어야 하는데, 그 고개를 넘지 못하기 때문이다. 입문자를 위한 인문학 교실은 말 그대로 인문학에 입문하고 싶으나 무엇을 어떻게 공부해야 할지 막연한 사람들을 위한 공부 모임이다. 혼자 하는 것보다는 함께하는 것이 낫다는 믿음으로, 먼저 공부한 사람의 도움을 받아 공부하는 것이다. 나는 최근 인문학 공동체에 새롭게 개설된 입문자를 위한 인문학 교실을 참관했다.

교실은 오전 10시에 시작됐다. 모여든 사람은 13명, 이 중에서 주부는 7명, 나머지는 20대 대학생이나 대학 졸업생이었다. 20대 학생과 30~40대 주부가 섞여 철학을 공부하는 것은 인문학 공동체에서는 일상적인 풍경이다. 이 공동체에서는 10대 청소년과 60~70대 노인이 섞여 공부하며 토론하는 모습도 드문 일은 아니다. 얼핏 보면 생소한 모습이지만 따지고 보면 지적 수준이나 관심사에 관계없이 같은 나이면 무조건 한 교실에 몰아넣어 같은 것을 가르치는 현실이 더 낯설지 않은가. 어쨌거나 인문학 입문 교실에서 무엇을 하는지 궁금했다.

"대학 교양 과정을 압축해서 공부하는 것이라고 보면 될 겁니다. 문학, 철학, 역사를 비롯해서 교양 과목이 대부분 인문학 과목으로 구성돼 있으니까요. 하지만 제도권 대학에서 교양 과목을 제대로 가르치는 곳은 별로 없습니다. 대개 대학 교양 과목은 수강생 20명이 안 되면 폐강됩니다. 70~80

명은 기본이고 100~200명을 모아 놓고 강연식으로 이루어 지는 강의도 많습니다. 이런 교실에서 글쓰기와 토론이 가장 중요한 인문학 교육이 가능하겠습니까?"

이 교실의 세미나를 이끄는 선생님은 개설 취지를 묻는 질 문에 대학 교육의 현실부터 비판했다. 인문학에서 핵심은 읽 기와 쓰기 그리고 말하기인데 100명씩 모이는 강의에서 그 런 것을 할 수 있겠느냐는 이야기였다. 게다가 한 학기 16주 강의에서 개강과 종강, 중간고사와 기말고사, 축제 등을 빼 면 강의 가능 일수는 10주를 겨우 넘는다. 가령 교양 철학을 공부할 경우 그리스 철학에서 겨우 근대 철학까지 가면 종강 이라는 이야기다. 교양 과목 공부에 필요한 폭넓은 책 읽기, 글쓰기는 고사하고 교재 한 권 달랑 들고 다니다 시험 범위 에 해당하는 일부에만 손때를 묻힌 채 학기를 마친다. 대학 에서 교양 과목과 인문학을 등한시하는 이유는 대학 경쟁력 지상주의 정책 탓이다. 대학의 경쟁력을 높이기 위해서는 졸 업생들의 취업률을 높이거나 교수들의 논문 생산량이 많아 야 한다. 그런데 인문학이나 교양 강좌 강화는 적어도 표면 적으로는 학생들의 취업이나 교수들의 논문 생산과 무관할 뿐 아니라 오히려 방해 요소다. 문제는 대학의 학문까지 구 석구석 장악한 글로벌 신자유주의 체제에서 대학의 이 같은 모습을 바꾸기 쉽지 않다는 것이다.

"대학에서 안 하거나 못하는 공부를 제대로 해 보자는 겁니다. 철학을 기둥으로, 인문학과 문화 예술의 여러 영역은 말할 것도 없고 자연과학과 사회과학의 영역까지 함께 공부해 보자는 것이지요."

오전 강의는 철학 입문이었다. 오전과 오후 각각 2시간 30분씩 진행하는 강좌와 세미나에서 철학이 절반을 차지하는 셈이다. 전체 24강 중 4강째라는 철학 강의는 『소크라테스의 변론』을 읽는 것으로 시작됐다. 청년들을 타락시킨 죄와 신에 대한 불경죄로 고소당한 소크라테스가 법정에서 형을 선고받기 전에 변론을 하는 장면과 사형을 선고받은 뒤에 변론하는 장면이었다.

"제가 유죄 판결을 받기는 했습니다만, 그러나 실은 말이 부족해서가 아니라, 뻔뻔스러움과 몰염치가 부족해서며, 또한 여러분이 듣기에 가장 기분 좋을 그런 것들을 여러분한테 말하고 싶어 하는 열의가 부족해서입니다. (......) 그러나 저는 그때도 위험 때문에 자유인답지 못한 어떤 짓도 해서는 안 된다고 생각했지만, 지금도 그렇게 변론한 것을 후회하지 않습니다. 그러기는커녕 오히려 저는 그렇게 하고서 사느니보다는 이런 식으로 변론하고서 죽는 쪽을 택합니다."

선생님이 『소크라테스의 변론』에 대해 설명하는 동안 강의 계획표를 살폈다. 오비디우스의 『변신 이야기』와 플라톤의 『대화편』에서 칸트, 헤겔을 거쳐 현대 철학에 이르는 서양 철학의 명저들과 『논어』, 『도덕경』, 『장자』, 『반야심경』,

『유마경』 등이 나열돼 있었다. 이 시간에 읽어야 할 고전만
해도 대략 15권이 넘었다. 인문학에 입문하는 초보자가 6개
월 만에 저 책을 다 읽을 수 있을까?

"그건 아닙니다. 강의에서는 주요한 부분만 발췌해서 강
독합니다. 그렇다고 발췌 강독만으로 만족하는 건 아닙니다.
개인적으로 책을 읽는 것에 더해 스터디를 만들어 못다 읽은
책 가운데 중요한 책을 함께 읽어 나갑니다."

이 교실에서 강의로 진행하는 오전 철학 시간만큼이나 중
시하는 게 하나 더 있다. 오후에 진행되는 세미나다. 세미나
는 매주 1~3권, 6개월 동안 40권가량의 책을 읽고 돌아가며
발제를 한 뒤 토론하는 방식으로 진행된다. 여기서 읽을 책
은 철학, 문학, 역사와 문화 예술 등 이른바 전통 인문학의
영역뿐만이 아니다. 수학, 물리학, 생물학 등을 포함한 자연
과학과 사회과학 분야의 책을 읽는 것도 포함한다.

"흔히 인문학이라고 하면 문학, 역사, 철학을 핵심으로 하
는 학문의 갈래만 생각합니다. 하지만 고대 그리스의 '파이
데이아'에 연원을 둔 인문학, 즉 시민 교양 교육은 본래 그런
것이 아닙니다."

세미나를 이끄는 선생님의 말씀에 따르면 시민 교양 교육
의 뜻을 지닌 파이데이아는 학문의 어떤 갈래가 아니라 종합
적·철학적으로 접근하는 학문의 모든 주제를 포함한다. 따
라서 수학, 물리학, 생물학도 종합적·철학적으로 공부할 때

는 인문학에 속한다는 것이다. 그러나 문학, 역사, 철학도 전문 학자의 방식으로 탐구할 때는 인문학에 속하지 않는다. 인문학의 목표도 문학, 역사, 철학 전문가를 만드는 것이 아니다. 모든 학문 분야를 토론할 수 있는 소양을 갖추고 전문가의 주장에 판단을 내릴 수 있는 능력을 갖게 하는 것이다.

여기서 핵심은 철학이다. 학문과 삶, 모든 분야의 저변이자 이를 종합적으로 이해하고 판단하면서 삶과 사회에 방향을 제시할 지혜를 닦는 공부가 철학이기 때문이다. 고대 그리스가 파이데이아를 민주주의 최후 보루로 여기며 중시했던 이유도 여기에 있다. 선생님은 "시민 교양 교육, 즉 인문학의 중요성은 이른바 전문가의 횡포가 갈수록 심화되는 오늘날, 아무리 강조해도 지나치지 않습니다."라고 말했다.

오후 세미나는 발제자의 글을 읽는 것으로 시작됐다. 이번 세미나를 위해 읽은 책은 『시대의 증언자 프리모 레비를 찾아서』, 『이것이 인간인가』, 『고뇌의 원근법』 등 3권. 발제자의 글은 제2차 세계 대전 당시 나치에 의해 아우슈비츠 수용소에 수용됐다가 생환한 유대인 작가 프리모 레비를 다루고 있었다. 글은 '프리모 레비, 그는 왜 자살했는가?'라는 제목으로 작성됐다. 죽음의 수용소에서 살아남은 인간 승리의 상징이기도 했던 프리모 레비는 생환한 뒤 40년도 더 지난 어느 날, 그 어떤 설명도 없이 자살했다. 그는 왜 스스로 죽음을 선택한 것일까. 함께 읽은 책을 토대로, 그가 쓴 글과 주제를 놓고 토론했다. 때론 담담하고, 때론 격렬한 토론을 이어 가며 책의 여기저기를 여행했다. 여러 갈래로 흩어지던 토론은 차차 한곳으로 생각을 모아 갔다. 프리모 레비가 자살한 건 지금 여기 인간에 대한 절망 때문인지 모른다. 우린 흔히 나치를 욕하고 유대인 학살에 치를 떨지만 지금 이 순간의 나치와 학살은 보지 못한다. 제2차 세계 대전 뒤에도 아우슈비츠는 끝난 적이 없다. 지금도 계속되는 폭력과 차별은 전방위적이다. 세미나를 진행할수록 참여자들의 표정이 착잡해졌다. 한 주부가 혼잣말하듯 말했다.

"현재도 진행 중인 폭력과 차별에 자신도 모르게 동참한다는 사실을 깨달으니 참, 아프다."

그래, 우리가 인문학을 한다는 건 우리가 외면해 온 진실을 직시하며 아프고 불편함을 받아들이는 것인지도 모를 일이다.

암송, 가장 탁월한 공부법

명문 암송반의 정식 이름은 '명문 암송 결사'다. 한글은 물론, 한문과 영어, 프랑스어, 독일어, 라틴어, 희랍어 등으로 된 명문장을 소리 내어 암송해 보자는 모임이다. 손가락으로 휴대 전화만 건드리면 필요한 정보가 쏟아지는 세상에 살면서 웬 암송인가? 그렇잖아도 부족한 시간에, 보고 듣고 읽고 공부해야 할 것들이 얼마나 많은가?

암송반 참여자는 모두 7명, 그중 5명이 주부였다. 암송은 이 배움터에 하나뿐인 좌식 방에서 이뤄지고 있었다. 때마침 이 공동체에서 동양 철학을 가르친 학자가 직접『맹자』를 줄줄 암송하며 암송의 장점에 대해 열변을 토하고 있었다. 지곡 서당에서 몇 년 동안 숙식하며 사서삼경을 모두 암송했다는 학자였다.

"암송이란 것이 자신의 사고 과정 없이 그냥 입으로만 달달 외우는 것이 아닙니다. 선현들의 지식을 암송을 통해 내 것으로 소화한 뒤 여기에 내 것을 보태어 새로운 인문학을 만드는 겁니다. 그러니 진정한 인문학의 시작은 바로 암송에 있습니다. 동양에서는『천자문』에서 출발해『동몽선습』,『명심보감』,『소학』, 사서삼경과『고문진보』의 수많은 명문장을 모두 암송하게 했고, 서양에서도 그리스와 로마의 고전들을 외우게 했습니다. 불교의 그 숱한 경전과 기독교『성서』도 암송을 통해 구전돼 왔고, 호메로스의『일리아스』와『오디세이아』도 마찬가지입니다. 암송은 모든 외국어 공부의 출발이기도 합니다. 인문학 공부에서 암송의 중요성은 아무리 강조해도 지나치지 않습니다."

암송에 대한 학자의 설명이 끝난 뒤 참여자들은 이미 암송한 이백의 시와『시경』詩經에 나오는 시부터 암송을 시작했다. 이백의 시 「산중대작」山中對酌과 「월하독작」月下獨酌, 『시경』의 「관저」關雎, 「상서」相鼠에서는 거침없이 나아갔다.

"이백의 「월하독작」을 암송하며, 술 한잔 생각이 얼마나 간절하던지."

청일점 남성 참여자의 말에 주부들이 화답하며 맞장구쳤다. 오래전, 술을 즐겨 마시던 시절에 이백의 시를 몰랐던 것이 너무 아쉽다는 주부도 있었다. 시를 쓰는 한 참여자는 「상서」를 기존의 번역과는 전혀 다르게 번역해 박수를 받았다. 시가 입에 착착 달라붙게 암송하다 보니 기존의 해석과는 완전히 다른 시상이 떠오르더라는 것이다. 하지만 도연명의 「귀거래사」歸去來辭를 합송할 때는 몇 차례 리듬이 끊겼다. 역시 암송하기에 너무 길다 싶은 산문시였다. 끊어질 듯하던 암송이 더듬더듬 용케 이어졌다. 겨우 합송을 마친 참여자들이 "너무 길다."라며 한숨을 내쉬자 이를 지켜보던 학자가 다시 나섰다.

"그동안 눈으로만 공부하는 것에 익숙해 암송법을 잊어버린 겁니다. 주입식 교육의 폐해라는 이름으로 우리 교육에서 암송을 팽개쳐 버린 탓이지요. 거듭 강조하지만 암송은 가장 탁월한 공부법입니다. 눈뿐만 아니라, 입으로, 귀로, 온몸의 울림으로 공부하는 방법이지요. 암송은 책의 이해뿐 아니라 글쓰기에도 가장 좋은 공부법입니다. 과거, 한문 공부 한지 얼마 되지 않은 학동이 한시를 쓰고 공부깨나 한 선비들이 예외 없이 한문 문장을 쓸 수 있던 것도 모두 암송 덕분이었습니다. 당시 독서란 소리 내어 읽는 것이고, 책을 떼고 책거리를 한다는 건 그 책을 모두 암송한다는 뜻이었습니다. 암송을 잊어버리긴 했지만 지금도 50번 정도 크게 소리 내어 읽으면 웬만한 건 모두 암송이 가능합니다. 그게 안 되면 50번만 더 읽으십시오. 암송은 뇌세포 운동에도, 치매 예방에도 더없이 좋습니다."

이 말을 들은 참여자들이 다시 「귀거래사」를 합송했다. 나도 소리 내어 이들의 합송을 따라갔다.

때로 고개 들어 멀리 바라보니
구름은 무심히 산봉우리 위로 피어나고
새는 날기에 지쳐 돌아올 줄 아는구나.
날 저물어 어둑어둑해지는데
외로운 소나무 어루만지며 서성거리네.
돌아가리!

時矯首而遐觀(시교수이하관)
雲無心以出岫(운무심이출수)
鳥倦飛而知還(조권비이지환)
景翳翳以將入(경예예이장입)
撫孤松而盤桓(무고송이반환)

歸去來兮(귀거래혜)

　이쯤에서 누군가 고개 들어 멀리 바라보는 도연명을 흉내 내며 "절창!"이라고 감탄했다. 다른 참여자가 "이게 바로 시!"라며 화답했다. 그랬다. 벼슬을 내던지고 고향으로 돌아온 도연명이 쓸쓸하게 소나무를 어루만지며 서성거리는 모습이 선연하게 그려졌다. 몇몇 참여자는 「귀거래사」의 정경을 온몸으로 표현하며 합송을 이어 갔다. 상체를 좌우로 흔들거나 책상을 손으로 두들기며 합송하는 이도 있었다. 또 한 참여자는 "「귀거래사」의 마지막 구절, '저 천명을 즐길 뿐, 다시 무엇을 생각하리!'(樂夫天命復奚疑, 낙부천명부해의)를 좌우명으로 삼고 싶다."고도 말했다. 잠시 쉬는 시간, 누군가 국문학자 김열규 교수가 암송에 대해 쓴 글을 소개했다.

　"암기하지 않고 읽는 것은 밥 안 먹고 끼니 넘기는 것이나 다를 바 없다. 사랑 없이 젊음을 겪는 것이 차라리 암송 없는 글 읽기보다는 덜 허무하다."

　이들의 암송 실험은 일단 6개월 시한부라고 했다. 「귀거래사」에 이어 『도덕경』, 『맹자』, 『주역』의 「계사전」, 『금강경』 등에 있는 명문장들과 소동파의 「적벽부」, 제갈량의 「출사표」 등 『고문진보』에 산재한 명문 몇 개를 더 암송할 계획이라고 했다. 한문 암송이 어느 정도 익숙해지면 셰익스피어 작품의 명대사, T. S. 엘리엇의 시, 스티브 잡스의 스탠퍼드대 연설문이나 마틴 루터 킹의 연설문 등 영어 명문장도 암송하겠단다. 이어 횔덜린의 시나 「공산당 선언」 같은 독일어 명문은 독일어로, 랭보나 보들레르의 시 또는 프랑스 인권선언은 프랑스어로, 호라티우스나 베르길리우스의 시는 라틴어로, 「요한복음」 제1장은 희랍어로 암송할 계획도 있단다. 이를 위해 이들은 프랑스어와 독일어는 물론, 라틴어와 희랍어 선생님들을 모셔 알파벳과 발음 그리고 간단한 문법도 배우겠다고 했다.

"이렇게 뭔가를 암송하려 발버둥을 치니 정말 공부하는 맛이 납니다. 이렇게 발버둥 치며 즐기다 보면 벌써 오락가락하는 건망증이 좀 사라지고 치매가 예방될지도 모르겠네요."

40대 초반의 한 주부는 "인문학 공동체에서 선택한 공부 가운데 가장 좋은 것이 암송"이라며 "처음 두려움 반, 설렘 반으로 시작한 암송이 이제는 기대와 설렘으로 가득하다."라고 말했다.

시는 왜 쓰는가

머릿속이 갑자기 하얘졌다. 시 창작반을 참관하려면 시를 써 가야 한다는 걸 수업 시작 30분 전에 전해 듣고 부랴부랴 펜을 들었지만, 단 한 줄도 쓸 수 없었다. 막막함을 견디다

겨우 건진 몇 개의 시구를 들고 교실에 들어가 자초지종을 털어놓았다. 시 창작 교실을 이끄는 젊은 시인 선생님이 고개를 흔들며 말했다.

"시를 30분 만에 쓰겠다는 건 참 오만한 생각입니다. 시를 이기려고 하면 안 돼요."

조지훈 시인의 「승무」는 구상에서 집필, 퇴고를 거쳐 완성하기까지 약 1년 반이 걸렸다고 한다. 30분 만에 시 한 편을 뚝딱 쓰고자 했던 자신이 부끄러웠다. 선생님이 말을 이었다.

"백지를 마주했을 때의 공포와 컴퓨터 화면의 커서가 깜박일 때의 막막함이야말로 시 쓰기의 출발입니다. 그 공포를 인정하고 나면 오히려 시 쓰기가 조금은 편해집니다."

시 창작반의 수강생은 단 두 명이었다. 70세로 우리 엄마와 동년배인 수강생과 20대 후반의 수강생이 단출하게 공부하는 모습이 인상적이었다. 강의 개설 최소 인원에도 못 미쳤지만, 선생님과 수강생의 열정으로 개강을 강행했다고 한다. 마흔 살인 내가, 어머니 같은 분의 오른쪽 빈자리를 채우며 수강생 셋이 나란히 앉고 보니 꼭 엄마와 두 딸이 선생님께 배움을 청하는 모습처럼 정겹게 느껴졌다. 묘하게 따뜻한 공기가 작은 강의실을 가득 채웠다.

한 수강생이 써 온 두 편의 시를 다른 수강생과 내가 한 편씩 낭송했다. 낭송하기 전, 선생님은 "시는 눈으로만 읽어서는 안 됩니다. 소리 내어 낭송해야 비로소 시가 다가옵니다."

라며 낭송의 중요성을 설명했다. 천천히 낭송한 후 다시 한 번 각자 정독하는 시간을 마련했다. 정독이 끝나자 선생님은 문법에 맞지 않는 띄어쓰기가 시적 표현인지 오류인지부터 물었다. 그런 다음 돌아가며 비평을 했다. 참관자로서 분에 넘치게도 비평 기회까지 얻은 나는 부족한 집중력을 끌어모아 다시 시를 읽어 보았다.

첫 번째 시는 무슨 말인지 이해하기 어려웠다. "너무 어렵습니다."라고 솔직하게 말했다. 다른 수강생도 어렵다고 했다. 선생님도 "하고 싶은 이야기를 시에 담지 못한 채 서성거리는 느낌"이라고 말했다. 서성거리지 말고 좀 더 다가가야 한다고 했다. 정말 말하고 싶은 건 말할 수도 없고 말하는 순간 사라지겠지만, 그럼에도 시는 말하고자 하는 것에 최대한 가깝게 가려는 상태에 있는 거란 이야기였다.

반면에 상징이 명확하게 표현된 두 번째 시는 마음에 와 닿았다. 낭송을 들으니 시에서 드러내려 한, 여자의 침묵할 수밖에 없는 삶이 가슴 먹먹하게 다가왔다. 나도 모르게 눈시울이 뜨거워졌다. 금방이라도 쏟아질 것 같은 눈물을 삼키느라 고개를 숙였다. 수업 참관하러 왔다가 눈물이 나다니, 이게 뭐지?

시 창작반 선생님은 유종인 시인의 「팝콘」을 예로 들며 설명을 이어 갔다. 옥수수 알이 견딜 수 없이 뜨거운 열에 스스로 속을 뒤집어 꽃으로 피어나 팝콘이 되는 것처럼, 시인은 자신의 고통을 고통으로만 토해 내는 것이 아니라 팝콘처럼 꽃으로 보여 줄 수 있어야 한다고 했다. 시를 읽으며 '아! 이 거구나.' 하고 답을 얻기보다는 '얘는 뭐지?'라고 물을 수 있 어야 한다고도 했다. 그래야 세상 모든 것이 시가 되고, 세상 모든 것을 새롭고 신비롭고 소중하게 바라볼 수 있다는 이야 기였다.

"한겨울에 노트북을 차에 두고 내린 적이 있어요. 다음 날 차가 꽁꽁 얼었더군요. 노트북을 켰는데 '왱' 하는 소음만 날 뿐 부팅이 안 되는 거예요."

부팅을 반복해도 안 되기에 '왜 이러지?' 하다가 '아, 얘 도 추웠구나!' 하는 생각을 했다고 한다. 추운 겨울, 나만 추 운 것이 아니라 노트북도 그 추위에 오들오들 떨었겠구나 하 고 생각하니 노트북이 또 다른 내가 되고, 너와 내가 따로 있 는 게 아니라는 걸 깨닫게 됐다는 것이다. 항상 같은 자리에 있는 노트북의 소리를 듣고 노트북을 새로이 발견한 것처럼, 너와 내가 만나는 지점을 발견하는 게 중요하며 그러한 만남 의 순간이 시를 만든다고 시인은 설명했다.

"시 쓰기는 죽음에 이르는 과정입니다. 죽음을 마주하기는 싫지만, 죽음을 제대로 사유했을 때 오히려 죽음으로부터 자 유로워집니다. 그러니 죽음을 늪이라 표현하기보다는, 죽음 과도 같은 고통을 시적인 방식으로 길어 올려야 합니다. 가 령 「팝콘」처럼."

그러면서 선생님은 적당한 시는 없다고 했다. 요란스러울 필요는 없지만, 시는 어느 정도 결핍이거나 과잉이어야 한다는 것이다. 또한 "세상에 고통 없는 사람도 없고 죽지 않는 사람도 없으니 '죽음에 대해 생각하는 한' 누구나 시인의 자질이 있습니다." 하고 말했다. 그렇다면 갑자기 눈물이 솟아나게 한, 내 가슴속 고통의 꽃은 무엇일까.

읽은 시의 표현을 바꾼 뒤 다시 시를 낭송했다. 낭송을 하면서 특히 애쓰는 대목은 단어 선택이었다. 그때그때의 낱말 선택에서 다른 것으로 대체될 수 없는 유일한 단어를 찾아내는 것. 누군가 시인은 "개개 낱말에 대한 낭만적 사랑을 평생 고질로 앓고 있는 충직한 사람"이라고 정의했거니와, 시 창작반이 그런 사람들의 모임인 듯했다. 그렇게 표현 몇 개를 바꾸었을 뿐인데 느낌이 확 달라졌다.

단 하나의 낱말을 선택하기 위해 고심하며 토론하던 시 창작반의 수강생은 "언어와의 사랑놀이를 하며 몰입한 이 시간에야말로 진정 내가 살아 있음을 느낀다."라고 말했다. 언제부턴가 삶과 죽음의 고뇌에 사로잡힐 때마다 시처럼 쓰인 『성서』를 읽으며 위안을 받아 왔는데, 이제는 직접 시를 읽고 쓰고 이를 치열하게 합평하면서 생생하게 살아 있음을 느낀다는 것이다.

"쉬어야 할 저녁 시간에 휴식을 마다하고 애써 나오는 이유는 이 시간이 제겐 더할 수 없이 귀하기 때문입니다. 죽은 가지를 잘라 내면 새로운 잎이 나오듯, 매주 모여 합평하고, 적절한 낱말을 찾고, 퇴고하며 시에 생명을 불어넣는 과정이 얼마나 경이로운지."

또 다른 수강생은 "산고와도 같은 고통이 따르겠지만 행복이나 평화, 아름다움으로 포장된 시에서 한 걸음 더 나아가 세상에 솔직한 시를 쓰고 싶다."라고 말했다. 내 안에 있는 고통이 꽃으로 쏟아져 나올 수 있도록 나를 벌려 이를 언어로 형상화하며 사람들과 나누고 싶다는 것이었다.

한 번의 시 창작반 수업 참관만으로 내가 알 수는 없었다. 시가 무엇이며 어떻게 쓰면 시가 되는지. 이들이 자주 이야기하는 가슴속 고통의 꽃이란 단어도 아직은 구체적으로 다가오지 않는다. 하지만 어렴풋이 느끼는 건 있다. 시는 행복이 아닌 진실을 추구하는 것이고, 그 진실은 고통스러울 때가 많지만, 행복은 고통을 이야기하는 지금 여기에 있다는 것. 고통과 함께하는 이들의 행복이 퍼진 덕분일까, 새해 들어 새롭게 시작한 시 창작반 참여자는 10명 가까이로 늘어나 있었다.

한문 원전 읽기는 내가 미루기만 해 온 목표 중 하나다. 지난해『논어집주』강독을 중도 포기했던 나에게 원전이란 가까이하기엔 너무 먼 당신이다. 이 책을 읽으며 토론하는 스터디는 머잖아 내가 참여하고픈 모임이기도 했다. 아담한 좌식 방 2인용 책상 앞에 10명이 채 못 되는 참여자들이 빙 둘러 앉았다. 40대 주부 2명을 포함해 다양한 배경을 가진 참여자들이 함께하고 있었다. 이전에『논어집주』를 읽었다는 이가 길잡이와 해설가로 나섰다. 참여자들이 들고 있는 책은 한문 원전이었다. 원전을 읽는다는 설렘 너머로 한문에 대한 압박감이 밀려왔다. 참여자들 모두가 한문 원전만 보고 있었다. 옛 서당에 앉은 느낌, 등줄기가 꼿꼿이 서는 듯했다.

이들이『논어집주』를, 그것도 한문 원전으로 읽는 이유가 무엇일까? 오래전에『공자가 죽어야 나라가 산다』라는 책이 큰 반향을 불러일으킨 적이 있다. 공자의 도덕은 사람을 위한 도덕이 아닌 정치를 위한 도덕이며, 기득권자를 위한 도덕이라고 비판하는 책이다. 이 책에 따르면 공자는 가부장제, 비민주, 남성 우위, 구습과 봉건과 고리타분함의 대명사다. 공자가 죽어야 한다면 공자의 제자들이 스승의 사상을 담아 엮은『논어』는 가장 먼저 사라져야 할 책이다. 송나라 주희가『논어』에 대한 선대 학자들의 주석과 자신의 주석을 모아 엮은 『논어집주』는 말할 나위도 없다. 그런데 인문학 공동체에서 사서삼경 읽기는 늘 인기를 얻고 있다. 그중에서도 강독이 가장 많은 책은 『논어』 또는 『논어집주』다. 왜 그럴까?

길잡이가 말했다. 알다시피 조선 500년을 이끈 지배층의 내면은 유학, 구체적으로는 성리학이 지배한 시대다. 조선뿐 아니다. 공자 이래 중국, 일본 등 동아시아 역사에서 공자만큼 거대한 영향을 미친 사람은 흔치 않다. 그리고 이는 좋든 싫든 지금까지 이어져 우리의 삶과 사고 속에 깊숙하게 투영돼 있다. '공자가 죽어야 나라가 산다.'라는 말만 해도 공자가 아직 생생하게 살아 우리를 지배하고 있다는 말의 다른 표현 아닌가. 이렇게 살아 우리를 강하게 지배하고 있는 유학 또는 주자학의 고갱이는 『논어집주』에 축약돼 있다. 우리는 죽어 가는 공자를 살리기 위해 『논어집주』를 읽는 것이 아니라 우리를 지배한 공자와 주자의 사상이 무엇인지, 그리고 그로 인해 형성된 우리의 내면이 어떤 것이며 우리가 누구인지를 알기 위해 이 책을 읽는다. 그러니 우리의 목표는 이 책을 해석하고 이해하는 데 그치지 않는다. 『논어집주』를 가지고 함께 토론해 지금, 여기 우리의 당면 과제를 해결하는 실마리를 찾아내는 것이 목표다. 『논어』를 한문 원전으로 읽으며, 한문을 공부하는 건 덤이다. 한문과 『논어』를 포함한 사서삼경을 모른 채 동양 고전을 제대로 공부한다는 건 불가능하지 않은가.

강독이 시작됐다. 강독은 원문을 큰 소리로 낭송하는 방식으로 진행됐다. 길잡이가 선창하면 나머지 사람들이 따라 읽었다. 이날 낭송한 부분은 「술이」述而 편이었다.

"자왈, 문, 막오유인야. 궁행군자, 즉오미지유득."子曰, 文, 莫吳猶人也. 躬行君子, 則吳未之有得.

낭송이 끝나자 한 참여자가 천천히 뜻을 풀었다.

"공자께서 말씀하셨다. 문文에서는 내가 남만 못할 것이 없다. 그러나 군자의 덕을 몸소 실천하는 일에서는 나는 아직도 미흡하다."

이어 송나라 때 학자 주희가 붙인 주석을 해석했다. "미지유득"未之有得, 즉 나는 아직도 미흡하다는 말은 자기 자신을 낮추는 말이라는 것이었다. 다시 강독이 이어졌다.

"자왈, 약성여인, 즉오기감? 억위지불염, 회인불권, 즉가위운이이의. 공서화왈, 정유제자불능학야."子曰, 若聖與仁, 則吳豈敢? 抑爲之不厭, 誨人不倦, 則可謂云爾已矣. 公西華曰, 正唯弟子不能學也.

"공자께서 말씀하셨다. 성聖과 인仁에 관해서는 별로 자신이 없다. 그러나 도道를 실천하는 데 싫증 내지 않고, 사람을 가르치는 데 게을리하지 않는 것에는 자신 있다."

이들이 강독과 토론을 하는 사이 『논어』의 「술이」 편을 훑어보았다. 주희의 주석에 따르면 「술이」 편은 공자가 자신을 겸손히 낮추고 사람들을 가르친 말씀 및 그 용모와 행사의 실상을 기록한 부분이다. 술이부작述而不作(이전 것을 따라서 전하되 창작은 하지 않는다), 묵이식지默而識之 학이불염學而不厭 회인불권誨人不倦(묵묵히 기억하며 배우면서 싫어하지 않으며 남을 가르치는 데 게으르지 않는 것), 삼인행 필유아사三人行 必有我師(세 사람이 길을 가면 반드시 거기에 내 스승이 있다) 등의 구절이 눈에 띄었다. 우리가 흔히 쓰는 '술이부작'이니, '묵이식지'니, '삼인행 필유아사' 같은 고사성어의 원류가 『논어』였다.

책을 뒤적이며 잠시 다른 생각을 하는 중에 갑자기 토론이 격렬해졌다. 책을 읽다 누군가 제시한 "하늘에 죄를 짓는다면 갈 데가 없다. 불륜을 저질렀으면 저 하늘이 나를 벌할 것이다."란 문장을 두고 난상토론이 시작된 것이다. '하늘', '죄', '불륜' 등의 단어를 두고 날 선 대화가 오갔다. 이들 단어를 바라보는 시각은 모두가 제각각이었다. 그리고 그 시각에는 각자의 인생관, 가치관이 진하게 묻어 나왔다. 토론이 격해지면서 이야기가 곁가지로 빠지는 경우도 없지 않았다. 옆으로 빠졌던 이야기가 다시 본류로 돌아오고, 그러다 곁가지로 빠지길 여러 차례, 희한하게도 토론을 주고받으면서 낯설기만 했던 『논어』의 구절들이 자신도 모르게 친숙해졌다. 희미한 의미도 갈수록 명료해졌다. 아, 결론보다 토론하고 생각하며 답을 찾아가는 과정에 의미가 있다는 말이 실감 났다.

『논어집주』에 대한 어떤 권위도, 선입견도 없이 나누는 토론은 정답을 찾고 말해야 하는 수업과는 달랐다. 각자의 해석을 나누며 각자의 세계관으로 자신의 생각을 가다듬었다. 이 과정에서 공자는 훈남이 되기도 하고, 구습과 기득권에 젖은 고루한 사람의 상징이 되기도 했다. 『논어』의 구절도 참여자마다 새롭게 해석하고 있었다. 수천 년의 세월이 흐르는 동안 권위와 구습에 갇혀 도그마화하거나 화석화한 공자와 그 제자의 언행 모음집이 터놓고 이야기하는 스터디 속에서 전혀 다른 모습으로 살아나고 있었다.

『월든』 영어로 낭독하기

내가 공부하는 인문학 공동체에는 영어 책 읽는 모임이 여럿 있다. 모임의 성격은 크게 세 가지로 나뉜다. 하나는 전문 철학서를 철학자의 강의로 강독하는 모임이다. 이를테면 들뢰즈의 『니체와 철학』이나 스피노자의 『에티카』를 영역본으로 읽는 것이다. 본래 『니체와 철학』은 프랑스어, 『에티카』는 라틴어로 되어 있다. 그럼에도 이 책을 영어로 읽는 까닭은 수강생들의 대다수가 프랑스어나 라틴어를 모르는 데다 한글 번역본을 읽는 것보다는 영역본을 읽는 것이 책을 이해할 때 조금 더 유리하기 때문이다. 전문 철학서인 만큼 개념어 하나하나를 치밀하게 분석하며 엄밀하게 읽는 것이 특징이다.

또 다른 하나는 영어로 된 인문학 서적이나 소설을 원서로 읽는 것이다. 이반 일리치의 주요 저작을 영어로 읽는 영어 인문학 읽기 세미나나 노벨상 수상 작가 앨리스 먼로의 작품을 영어로 읽는 스터디가 대표적이다. 우리말 번역본으로 맛보기 힘든 저자의 참뜻을 원전을 읽으며 제대로 느껴 보자는 취지다. 이 모임 역시 단어와 어휘 하나하나를 쉽사리 넘기지 않는다. 책을 쓴 저자의 사상을 이해하면서 덤으로 영어 공부를 하게 되는 것은 말할 것도 없다.

내가 참관한 『월든』 읽기반은 낭송에 무게 중심을 둔 영어 책 읽기 모임이다. 눈으로 읽으며 자구 하나하나의 번역에 신경 쓰기보다 입으로 크게 소리 내어 읽으며 귀를 포함한 온 몸으로 책을 즐겨 보자는 것이다. 번역도 정확한 뜻을 새기기보다 편안하게 느낌을 중시하고 있다.

시작 10분 전, 『월든』 읽기반에는 낭송 모임을 하는 방답게 세계적인 지휘자이자 피아노 연주자인 다니엘 바렌보임의 피아노 연주가 흐르고 있었다. 참여자가 가지고 온 사과와 귤을 나누며 잠시 수다를 떨었다. 누군가 새로 내린 원두 커피도 들여왔다. 코끝에 풍겨 오는 커피 향을 맡으며 낭송이 시작됐다. 시작한 지 6개월, 벌써 진도가 책의 절반이나 나간 상태였다. 책의 열 번째 부분인 「베이커 농장」을 읽었다. 한 명당 대략 반쪽 정도씩 낭독한 후 자신의 느낌을 나누었다.

학교나 학원에서 영어 강의를 들을 때와는 확연히 다른 분위기였다. 참여자들은 책을 읽고 난 뒤 자유롭게 의견을 말했다. 숲에 있던 너도밤나무, 참피나무, 서어나무 등이 실제 어떻게 생겼는지 컴퓨터로 일일이 사진을 확인했다. 학명도 찾아보았다. 저자가 나무 이름을 하나하나 불러 주는 게 대단하다는 의견이 있는가 하면 너무 많아 이름 외우기가 힘들다는 하소연도 나왔다.

"보티첼리의 『봄』이라는 그림에도 수백 종의 식물이 등장해요. 관심과 애정을 넘어 직접 경험하고 생활화하지 않으면 이런 묘사는 나올 수 없습니다."

이름 모를 금단의 야생 열매, 무지개 한쪽 끝이 발밑에 있는 것처럼 가까웠던 경험, 돌고래 비유 등은 숲의 신비스러운 느낌을 더했다.

알려지다시피 『월든』은 헨리 데이비드 소로가 콩코드 월든 호숫가의 숲에서 손수 통나무로 집을 짓고 밭을 일구고 물고기를 잡으면서 2년 2개월간 생활한 뒤 그 경험을 풀어낸 책이다. 법정 스님이 열반에 들 때까지 이 책을 손에서 놓지 않았다고 해서 화제를 모은 책이기도 하다. 이 책을 사랑한 사람은 법정 스님만이 아니다. 인도의 성자 간디, 프랑스 작가 마르셀 프루스트, 미국의 작가 E. B. 화이트, 영국의 시인 예이츠 등도 이 책에 감명을 받았다는 글을 남겼다. 특히 화이트는 "만약 우리의 대학이 현명하다면 졸업하는 학생 한 사람 한 사람에게 졸업장과 더불어, 아니 졸업장 대신 『월든』을 한 권씩 주어 보낼 것"이라고 쓰기도 했다.

참여자들은 낭송을 하면서 소로의 산책을 따라갔다. 발음이 좋은 사람도 있고, 그렇지 않은 사람도 있지만 그건 전혀 문제가 되지 않았다. 해석하다 잘 모르는 부분은 서로 도왔다. 웃음도 자주 터져 나왔다. 하지만 책의 내용이 문명 비판서인 만큼 토론은 자주 삶의 근본적인 문제를 건드렸다. 작지만 강한 힘을 지닌 호수 '월든'에서 소로는 이렇게 말했다.

"대부분 사람들은 무지와 오해 때문에, 부질없는 근심과 과도한 노동에 몸과 마음을 빼앗겨 인생의 아름다운 열매를 따 보지 못하고 있다. '이 길 말고는 다른 도리가 없어.' 하고 우리는 말한다. 그러나 원의 중심에서 몇 개라도 다른 반경을 가진 원들을 그릴 수 있듯이 길은 얼마든지 있다."

이 책은 우리가 그토록 얻으려 애쓰는 성공이, 세상의 좋은 평가가 실은 자신을 잃는 지름길이라고 이야기한다. 남과 보조를 맞추기 위해 "자신의 봄을 여름으로 바꿔야 한단 말인가."라고 반문한다. 책을 읽으며 구글 지도로 찾아본 콩코드의 월든 호수가 궁금해졌다. 다음 주 이 시간, 이들은 충주에서 올라온 한 주부의 초청에 응해 충주호 호숫가에서 『월든』을 읽기로 했다. 호숫가에서 『월든』을 낭독하는 느낌은 어떨까?

3.

공부의 길 위에서

"인문학이 국민 행복의 근간이고, 인문학적 소양이 창조경제의 밑거름이며 인문학적 상상력이 성장의 열쇠다."

최근 언론에 보도된 박근혜 대통령의 말이다. 대통령의 말에 정부는 시민 인문학 강좌 예산과 우수도서 보급 사업 등의 예산을 증액하겠다고 나섰다. 대통령의 창조경제 인문학을 들먹이지 않아도, 우리 사회에서 인문학은 크게 유행하고 있다. 대통령뿐 아니라 신문, 방송을 비롯한 각종 매체는 다투어 인문학을 얘기한다. 웬만한 지방자치 단체, 연구소, 언론사, 기업체, 각급 시민 단체 등에서도 경쟁적으로 인문학 강좌를 열고 있다. 서울시의 경우 지난해부터 시민들의 인문학 진흥을 위해 매년 수십억 원의 예산을 투입하고 있다. 서울시는 본청에 시민청 시민 대학을 개설하는 것을 비롯해 시립대, 성공회대, 경희대 등을 지원해 인문학 프로그램을 운영하고 있다. 대학과 일부 언론사에서도 CEO 인문학 또는 시민 대학이라는 이름의 인문학 강좌를 개설하고 있다. 얼마 전까지만 해도 고사 위기라며 비명을 지르던 인문학은 대학을 벗어나 수십 가지 모습으로 거듭나고 있는 것이다.

그렇다면 엄마들의 인문학은 어떤 것일까? 사실 주부들의 인문학 열풍도 이와 전혀 무관한 것은 아니다. 하지만 어느 정도 기간 이상 인문학 공부를 지속한 이들에게 공부는 더 이상 목표를 이루기 위한 수단이 아니다. 이들에게 공부란 길이다. 목적지로 가기 위해 빠르게 지나치는 삭막한 고속도로가 아닌, 구불구불하고 길게 돌아가면서도 풍요로운 길이다. 이렇게 공부하는 주부들은 자신의 삶뿐 아니라 아이와 가정 그리고 사회 변화의 촉매가 되고 있다. 주로 가정생활을 중심으로, 공부하는 주부들에게 생겨난 변화를 들여다보았다.

관찰 M **목표 없는 공부**

철학을 전공한 주부 M은 아이를 잘 키우려고 공부를 다시 시작했다. 독서 교육 강좌를 찾아보았으나 대부분 즉흥적인 재미를 끌어내는 데만 초점을 맞춘 채 본질을 외면하고 있었다. 가령 동화 구연에서 목소리에 변화를 주어 아이를 현혹하거나 스티커를 붙여 주며 경쟁심을 유발하는 식이었다. 다행히 원하는 형태의 독서 교육 배움터를 발견했다. 인간이 무엇이며 어떻게 살아야 할 것인지에 대해 여러 가지 질문을 던지는 곳이었다. 이를 계기로 피상적인 책 읽기에 치우쳐 있던 그의 독서는 삶의 근본 문제에 한 발 접근했다. 결국 전공한 철학으로 다시 돌아왔다. 이 과정에서 아이들에게 읽어 주는 책의 범위도 확장되고 깊이도 심화되었다.

"처음엔 목표를 너무 크게 잡아 좌절하고 흔들리기도 했어요. 거창한 목표를 내려놓고 나니 중간에 좀 흔들려도 금방 다시 마음을 잡고 지속할 수 있었습니다."

목표가 소박해질수록 작은 성취감을 많이 느끼게 되었다. 성취감과 뿌듯함을 느끼다 보니 자존감도 향상되었다. 경쟁하며 이기는 성취감보다는 "하다 보니 3년이네! 하다 보니 5년이네!" 하며 향상되는 자존감이 더 기뻤다. 자존감이 없을 땐 자식이나 남편에게 기대고 싶었다. 공부하면서 눈이 뜨이고 길이 보이니, 이렇게 사는 것도 괜찮겠다는 자기 확신이 생겼다.

"30~40대 주부들은 공부를 통해 기본적인 생계는 유지하고 싶어 합니다. 40대 중반 이후의 주부들은 남편의 고용 불안 때문에 이런 생각을 더 많이 하게 되는 것 같고요."

독서 교육 배움터에서 공부하는 엄마들도 자녀 교육에 대한 관심이 30퍼센트 정도라면, 나머지 70퍼센트는 독서 교육이나 논술 지도 등을 통해서 돈벌이도 할 수 있길 바란다고 했다. 독서 교육 배움터에서 공부할 때 중고생 논술학원 강사 제안을 받았던 M은 자녀 교육에 관한 조언을 구하는 엄마들에게는 "아이에게 무조건 읽어 주라."고 말했다. '독서의 힘'을 믿기 때문에 책 읽어 주기를 강조한 것이다.

M의 아이들은 책 읽기가 습관이 되었다. 아이들의 눈높이에 맞추어 놀면서 책도 많이 읽어 준 엄마 덕이었다. 책을 많이 읽은 아이들은 학원에 거의 다니지 않아도 학교 공부를 곧잘 했다. 심지어 시험 전날까지도 교과서가 아닌 책에 빠져 있다가 엄마의 잔소리를 듣기도 했다. 벼락치기를 하지 않아도 아이들은 시험을 잘 보았다. 특히 논술과 주관식 문제에 강했고 시험이 어려울수록 상대적으로 점수가 좋았다. 큰아이는 학원의 도움 없이도 국제고등학교에 입학했다. 어릴 때부터 꾸준히 해 온 독서의 힘이 컸다.

수리철학 모임을 계기로 인문학 배움터를 알게 된 M은 목표 없이 그냥 공부한다. 특별히 주력하는 공부도 없다. 목요일 오전마다 시간이 나서 서양 철학 입문 과정을 8주 동안 들었다. 듣다 보니 재미있어서 플라톤의 『국가』와 아리스토텔레스의 『니코마코스 윤리학』을 이어서 수강했다. 그 뒤 마르쿠스 아우렐리우스의 『명상록』과 보에티우스의 『철학의 위안』을 읽었다. 근 1년이나 공부했으나 작정하고 한 건 아니었다. 얼마 전부터 강의를 들으며 독일어를 공부한다. 이역시 생각보다 재미있어서 상당 기간 계속할 것 같다.

목표가 없으니 공부에 어려움이랄 것도 별로 없다. 좋으면 하고 아니면 말지 하는 생각으로 길게 보고 천천히 간다. 혼자 읽다가 안 읽히면 사람들을 만나서 독서 모임을 한다.

"이래야 한다, 저래야 한다는 건 없는 것 같아요. 목표가 있든 없든 장단점이 있으니까요. 아무튼 공부하다 보면 기회는 얼마든지 옵니다. 지금은 그냥 소박하게 공부하고 싶습니다. 나중에 손자에게 좋은 책을 골라 주는 할머니가 되고 싶고요."

플라톤 전집 읽기에 도전해 볼까 생각 중이라는 M에게 공부란 '소박한 일상'이다. 제대로 나이 들기가 유일한 목표인 그는 실패하는 것도 좋은 경험이라고 생각한다. 큰길만 잃지 않고 천천히 가면 된다는 것이다. 인문학 공부를 시작할 땐 공부로 무언가를 하게 될 줄은 몰랐다. 재미있어서 열심히 하다 보니 책을 쓸 기회가 생겼고, 책을 쓰며 공부하다 보니 좀 더 깊이 배우고 깨닫게 되었다. 공부를 계속하며 그는 좋아도 지나치게 좋아하지 말고, 좌절하더라도 깊이 좌절하지는 않기로 했다. 이 또한 지나가리란 걸 알기 때문이다.

5년 전부터 공부에 빠진 주부 H의 거실은 작은 도서관을 연상케 한다. 창문이 있는 쪽을 제외한 양쪽 벽이 천장까지 책으로 가득하다. 거실에 흔히 있는 텔레비전과 소파는 없다. 대신 거실 한 가운데에는 다섯 사람이 함께 공부해도 넉넉할 정도의 큰 책상 하나가 자리 잡고 있다. 물론 이 책과 책상은 장식품이 아니다. 실제로 H와 이제 사춘기에 접어든 H의 두 아이는 이 책상에 앉아 책을 읽거나 공부하며 보내는 시간이 가장 많다. 휴일에는 남편까지 여기에 동참해 온 가족이 책을 읽으며 휴일을 보내는 일도 잦다.

이 도서관에서는 각자가 책을 읽는 것만이 아니다. 이야기도 자주 나눈다. 특히 매월 첫째 주 일요일은 가족의 정기 모임일이다. 가족 모두가 같은 책을 읽은 뒤 누군가가 발제하고 토론을 나누는 것이다. 토론은 사회를 맡은 발제자 중심으로 진행된다. 발제는 돌아가면서 하기에 엄마, 아빠라고 해서 일방적으로 발언을 많이 하지는 않는다. 이 모임은 당초 H나 남편이 두 아이에게 책을 읽히려고 만든 게 아니었다. 거실의 텔레비전과 소파를 치운 뒤 아이들과 함께 공부하기 위해 마련한 책상에 가족이 모이는 시간이 많아지면서 자연스럽게 생겨났다. 큰아이가 이렇게 각자의 책을 읽지만 말고, 같은 책을 읽고 이야기를 나누어 보자고 제안한 것이다. 엄마, 아빠가 반가워하며 이를 받아들인 것은 말할 것도 없다. H의 가족은 대체로 책을 좋아했으나 이렇게 함께 책을 읽고, 책을 매개로 가족 모임까지 할 정도는 아니었다. 변화의 출발은 엄마의 공부, 즉 엄마가 직장을 그만두고 책을 읽기 시작하면서부터였다.

"책을 읽으면서 제 삶을 성찰할 기회가 많아졌습니다. 어떻게 살아야 후회 없는 삶을 살 수 있을까, 아이들이 어떻게 살면 좋을까. 이런 질문을 계속하다 보니 인문학, 특히 철학에 관심을 가지게 되더군요. 그러면서 편의와 속도와 양을 추구하던 삶이 조금 불편하지만 깊이와 질을 추구하는 것으로 바뀌었습니다."

엄마가 바뀌니 두 아이도 변했다. 집과 학교, 학원을 오가며 책 읽기를 지겨워하던 아이가 엄마 옆에서 슬금슬금 책을 즐기게 된 것이다. 거실의 텔레비전과 소파를 치우고 책상을 놓은 것도 H 혼자 결정한 건 아니었다. 엄마와 아이가 함께 책 읽는 시간이 많아지면서 아이와 합의한 결과였다. 처음 닥치는 대로 책을 읽던 엄마는 몇 년 전부터 주로 철학을 공부한다. 특히 인문학 공동체에서 진행하는 철학 세미나에 본격적으로 참여하면서 책을 읽고 글을 쓰며 발제를 하느라 밤늦게까지 공부하는 날도 없지 않다. 최근에는 사서삼경을 비롯한 동양 고전과 고대 그리스의 서사시며 철학서 등을 번갈아 읽으며 초보적이나마 공통점과 차이점을 찾아 정리하는 재미가 여간 아니다. 이렇게 공부가 깊어지면 언젠가 책이라도 한 권 쓸 수 있겠지. 그렇다고 H가 철학서를 읽으며 자신의 공부에만 빠져 있는 것도 아니다.

"아이와 소통하려고 아이가 즐기는 성장 소설도 더러 읽습니다. 아이들은 직접 말하기 곤란한 관심이나 고민을 책으로 대신 털어놓기도 합니다. 아이가 공감했다며 추천하는 책을 읽고 함께 토론하며 아이의 고민을 좀 더 깊이 이해하는 것이지요."

정기 모임이 1년가량 지속되면서 책뿐 아니라 다른 일상의 일까지 함께 토론하는 시간이 많아졌다. 책의 주제로 현실을 성찰하면서 생겨난, 줄기 못지않게 중요한 곁가지인 셈이다. 회의 주제는 식단의 변화나 최근 온 가족이 함께 다녀온 해외 여행에서 아이의 학원과 스마트폰 구입 여부, 진학 문제 등에 이르기까지 온갖 분야에 걸쳐 있다. 중요한 것은 회의에 임하는 자세다. 문제를 공유하며 소통하는 것이다. H는 거실 책상으로 가족을 엮어 주는 물리적인 공간이 생긴 것에 이어 책을 통해 정신적으로 이어지고 나니 진정으로 한 가족임을 느낀다고 말한다.

"제가 직장 다니느라 바쁠 때는 가족이 뿔뿔이 흩어진 채 각자 생활하느라 바빴어요. 부부가 같이 일하니까 돈은 조금 더 벌었지만 가족 간의 일체감이나 정서적 교감은 없었지요. 기껏 주말 저녁 식사를 함께 하는 것 외에는 각자 어떻게 살아가고 있는지 관심을 가질 여유가 없었거든요."

그러나 이젠 다르다. 아이들은 학교에서 돌아오면 집에 있는 엄마의 모습이 반갑고, 무엇보다 책을 손에 쥐고 있는 엄마의 모습이 자랑스럽다.

"제 친구 엄마들은 텔레비전과 드라마를 주로 보시는데, 저희 엄마는 책을 많이 읽으세요. 저도 결혼하면 엄마처럼 공부하는 엄마가 되고 싶어요."

사춘기가 되어서도 엄마를 닮고 싶어 한다는 아이의 얼굴에 자부심이 가득했다. H의 두 아이에게는 친구들이 모두 가지고 있다는 스마트폰이 없다. 물론 사춘기인 아이가 친구들과의 소통에 문제가 있으니 하나 마련해 달라고 요구하지 않은 것은 아니다. 그러나 아이 자신이 스마트폰의 폐해를 알고 있기 때문에 스마트폰을 갖지 말자는 부모의 설득에 어렵지 않게 공감했다. 직장 생활로 바쁜 남편은 이런 가족의 공간에 함께할 여유가 많지 않은 편이다. 하지만 제3자인 그가 느끼는 변화는 엄마나 아이보다 더 크다.

"퇴근해 귀가하면 엄마와 아이 둘이 모여 앉아 공부하는 모습이 얼마나 아름다운지요. 엄마도, 아이도 예전에 비해 훨씬 더 정서적으로 안정돼 보입니다. 아이들의 절제력이 커진 것도 엄마의 공부에서 비롯됐겠지요. 엄마와 아이가 공부하는 모습을 보며 가족 사랑이 훨씬 더 두터워졌고 직장 일에 대한 의욕도 커졌습니다."

남편으로서 공부하는 아내를 둔 또 하나의 장점은 소비 지향적인 삶과 거리가 멀어졌다는 것이다. 집에서 책 읽고 공부하는 시간이 늘다 보니 사치품에 대한 관심이 사라진 것이다. 그 대신 책값 지출은 많이 늘었지만 사치품 가격에 비교할 바가 아니다. 더욱이 책은 온 가족이 두고두고 돌려 가며 나누는 소중한 마음의 양식이자 소통의 도구 아닌가. 얼핏 보아도 H의 가족 한 사람 한 사람에게는 안정감과 충만감 그리고 가족이라는 일체감이 넘쳤다. 엄마, 아빠와 아이가 모여 이야기 나누고 웃고 떠드는 삶이 아름다워 보였다. H는 담담하게 말했다.

"공부하는 삶은 어찌 보면 매일 반복되는, 단순하고도 소박한 삶입니다. 하지만 제게는 변화무쌍하고 자극적인 삶보다는 이런 삶이 훨씬 더 좋습니다. 겉보기보다 치열하고 변화무쌍하기도 하고요. 이런 단순한 삶의 소중함을 일깨워 준 것은 딱 한 가지, 제가 뒤늦게 시작한 인문학 공부입니다."

관찰 L 네 가족, 수상한 모임

한 달에 한 번, 주부 L의 아파트 단지 내 회의실에서는 수상한 모임이 열린다. 참여자들의 나이는 일곱 살부터 쉰두 살까지. 그래도 이들은 서로 존칭을 사용한다. 쉰두 살 아저씨도 일곱 살 아이에게 반말을 하지 않는다. 주부 L이 이웃들과 만든 네 가족 독서 모임이다. L을 따라 참관한 네 가족 독서 모임에는 아이들 소리부터 먼저 들렸다.

이 모임에서는 아이, 어른 가리지 않고 모두 참가하는 것이 특징이다. 모든 참가자는 모임 전까지 책을 읽은 뒤 인터넷 카페에 서평을 올려야 한다. 책 읽기와 서평 쓰기는 자기가 할 수 있는 선에서 하면 된다. 가령 『오즈의 마법사』를 읽을 경우, 연령과 여건에 따라 원전을 읽든 축약이나 문고로 된 번역판을 읽든 자유다. 유아는 그림 동화로 읽으면 된다. 서평도 그렇다. 일곱 살짜리 아이는 서평을 쓰기 어려워 독후감을 그림으로 그린 뒤 그림을 카메라로 찍어 올렸는데 반응이 매우 좋았다.

독서 모임의 진행과 분위기도 자유롭다. 서평을 돌아가면서 읽거나 참여자를 반으로 나누어 토론하는 식이다. 『톰 아저씨의 오두막』을 읽었을 때는 톰 아저씨의 저항 방법이 옳으냐를 두고 찬반 토론을 벌였다. 『베니스의 상인』을 읽었을 때는 샤일록에 대한 판결이 옳은지를 놓고 토론을 벌이기도 했다. 발언 기회도 일곱 살에서 쉰두 살까지 고르게 돌아간다. 치열하게 갑론을박하는 분위기는 자제하는 대신, 누가 이야기를 하든 존중하는 분위기 속에서 진행한다. 인문학 전공자들도 자신의 관련 분야 얘기가 나와도 짧게 얘기하는 것으로 발언 기회의 균형을 맞추었다. 발표에는 아이, 어른 누구 하나 미적거리지 않고 적극적으로 참여했다.

회의의 의장은 매달 한 가족씩 돌아가며 맡는다. 회의 진행은 아이가 의장이 되거나 아이와 아빠가 함께 의장이 된다. 의장을 맡은 가족이 음료, 과일, 과자 등 약간의 간식을 준비했고, 다음 달 읽을 책 한 권을 선정하여 미리 개설해 놓은 인터넷 카페에 공지한다.

이 모임은 만들어진 지 1년 남짓 되었다. 10년 이상 된 가족 독서 모임을 벤치마킹한 후 모임을 꾸렸다. 본보기가 된 모임은 아이가 커 감에 따라 읽는 책도 문학에서 철학 이론서 등으로 확장되었다고 한다. 아이가 초등학생일 때부터 시작한 모임이 사춘기를 지나 대학에 들어가기까지 계속되며 그동안 쓴 서평으로 책을 내기도 했단다. 이 모임의 아이들은 군대에서 휴가 나오면 다른 데는 안 가도 이 모임에는 꼭 참여한다고 했다.

네 가족 독서 모임도 초기엔 아이들이 두 시간 동안 앉아 있기도 힘들어했다고 한다. 1년 정도 지나니 참고 앉아 있는 힘이 생겼고, 아이들의 글도 점점 좋아졌다. 아이들은 간식을 먹다가도 자기가 발표할 때는 적극적으로 참여했다.

"가족 독서 모임이 잘되려면 아빠의 협조가 꼭 필요합니다. 대체로 아빠들이 많이 소외되잖아요. 하지만 가족 누구도 소외되지 않는 게 중요해요."

L의 남편도 바쁜 회사일 때문에 망설이다가 아내가 지속

적으로 설득하자 아이를 위해 참여했다고 한다. 한때 스마트폰 사용 문제가 불거지기도 했다. 모임 시작 6개월쯤 지났을 때 뒤풀이에서 남자 아이들이 밖에 나가 뛰어노는 대신 앉아서 스마트폰 게임만 한 것이다. 한 엄마가 "여기서만큼은 스마트폰 게임을 안 했으면 좋겠어요. 여기서도 스마트폰 게임만 한다면 모이는 의미가 없는 것 같아요."라며 문제를 제기했고, 그다음부턴 스마트폰 대신 공을 가져와서 함께 놀도록 했다.

크리스마스 땐 파티를 했다. 각자 집에서 준비한 음식을 가져와 나눠 먹었다. 아이들은 악기 하나씩을 연습해서 연주했다. 클라리넷 듀오, 바이올린 독주와 합주, 플루트와 멜로디언 등의 연주를 감상하는 서툴지만 특별한 음악회였다. 크리스마스처럼 특별한 날이 아니어도 '운동장에서 놀 사람 모이시오.' 등의 번개 모임 공지가 뜨면 모여서 놀기도 했다. 날씨가 좋을 땐 아예 야외 공원이나 대학 교정에서 야구 같은 운동을 한 뒤 독서 모임을 진행하기도 했다.

"직접 해 보니 가족 간 독서 모임은 좋은 것 같습니다. 독서 모임 뒤에 밥을 먹으니 이웃 간에도 대화 내용이 더 풍부해졌어요."

인문학을 전공한 L은 대학원 시절 논문 형식의 학술적인 글을 잘 쓴다는 평을 받곤 했다. 전공을 살려 『어린 왕자』에 대한 서평을 쓴 뒤 남편에게 보여 주었더니 '글이 재수 없다.'라는 예상치 못한 반응이 나왔다. 충격을 받고 대폭 수정해서 다시 보여 주며 토론하는 과정에서 함께 살면서도 몰랐던 서로의 많은 부분을 알게 됐다. 인문학이 지성의 꽃인 줄 알았던 L은 경영학을 전공하고 자신과는 다른 방식으로 공부한 남편과 이야기하며 좀 더 폭넓은 시각으로 세상을 보게 되었다고 했다.

공부를 좋아하는 큰딸은 뜻밖에도 가족 독서 모임에서 발표할 때 수줍음이 많았다. 그런데 모임이 지속되면서 글쓰기 솜씨도 늘고 발표력까지 좋아졌단다. 물론 어려움도 없지 않다. 바빠서 책 읽는 것 자체가 부담으로 작용할 때가 있다는 것이다. 아이들의 독서와 학업 사이의 갈등도 문제다.

"아이들이 처음엔 서평 때문에 부담스러워했는데, 나중엔 언제 가느냐고 먼저 물어보더군요. 인터넷 카페에 서평을 올리면 서로 댓글도 달아 줍니다."

남편들의 감성과 문학적 재능을 발견한 것은 생각지도 못한 발견이다. 이런 발견을 계기로 남편들도 모임의 재미에 빠졌다고 했다. 흔히 인문학 공부는 개인의 공부로만 여겨진다. 하지만 주부가 공부하면 가족 공부로 확대되고, 가족 공부 모임으로도 발전된다. L은 "가족 독서 모임으로 책을 읽고 글을 쓰고 토론할 뿐 아니라 가족 간, 이웃 간의 유대가 몰라보게 좋아졌다."라며 "이 모임이 아이와 우리 가족의 삶에도 이미 중요한 부분을 차지하고 있다."라고 말했다.

한가한 일요일, 남편이 요리를 했다. 간소하지만 잘 차린 점심을 함께 먹은 뒤 나는 설거지를 했다. 남편이 쇼스타코비치의 왈츠를 틀더니 내 옆에서 지휘자 흉내를 냈다. 설거지를 마친 뒤 늘어진 티셔츠를 입은 남편과 함께 왈츠를 추었다. 발레 『코펠리아』도 감상했다. 『코펠리아』에 마주르카, 차르다슈 같은 농민 춤이 나왔다. 춤곡만 보려다가 발레 전체를 다 감상하며 이런저런 대화를 나눴다. '사랑과 진정성이 있을 때 원하는 변화가 가능하다.'라는 피그말리온 효과를 상징하는 '인형의 춤' 장면을 보면서 공부도 마찬가지라고 생각했다.

공부하면서 달라진 것 하나는 이처럼 남편과 놀며 웃는 시간이 늘어난 것이다. 온갖 활동적인 취미를 즐겼던 나는 마흔이 되어서야 공부야말로 진정 활동적인 일이라는 걸 깨달았다. 한때 나와 남편의 공통 취미는 맛집 기행밖에 없었다. 우리 집 엥겔지수는 극에 달했다. 하지만 공부를 하면서 음악과 역사를 좋아하는 남편과 정신적 사치를 누리다 보니 미각 탐험과 물질적인 소비는 자연스럽게 줄었다. 지知와 예술의 향연에서 나는 주로 배우는 학생 역할이지만 그래도 즐겁다.

어떻게 살 것인가에 대한 관심은 어떻게 소비하는가에 반영되고 있다. 예쁜 차, 명품 가방과 옷 등을 볼 때마다 나는 여전히 입맛을 다시지만, 그럴 때마다 스스로 묻는다.

'어떻게 소비하는 것이 더 행복한가?'

모든 소비는 선택이고, 그렇게 소비한 내용은 내 삶의 역사가 된다. 100세까지 그려 놓았던 인생 로드맵은 대부분 지웠지만, 어떻게 소비하며 살 것인가에 대한 간략한 지침은 남겨 놓았다.

공부는 새로운 요리를 만들어 먹는 과정과도 같았다. 어떤 음식을, 어떤 재료와 조리법으로, 누구와 함께 어떻게 만들어 먹을 것인가. 주방은 매일 새로운 음식이 만들어지는 창의적이며 반복적인 공부방이다. 나이가 들면 미각이 둔해져 음식 맛이 예전 같지 않을 수도 있지만, 오랫동안 쌓인 손맛의 내공과 미각에 관한 연륜은 쉽게 사라지는 것이 아니다. 주부들이 음식을 하며 쌓은 내공을 공부로 옮긴다면 엄청난 일이 벌어질지도 모른다. 공부를 반복하며 미각이 살아날수록 그 공부는 더 맛있어진다. 참맛을 알게 되면 왜 사서 고생이냐는 핀잔을 들어도 하게 되는 것이 공부다. 정성을 들일수록 맛있어진다는 걸 알기 때문이다.

나는 '인문학과 과학의 도움을 받은 음악사'라는 제목의 강의를 들은 것을 계기로 음악과 예술에 매료되었다. 철학의 바다에서 허우적거리다가 음악이란 배를 만나 승선하여 숨을 고른 뒤 다시 바다를 항해했다. 한때는 이런 것들을 꿈꾸었다.

'음악을 뼈대로 하여 역사로 살을 붙이고 철학으로 피와 신경을 만든다. 미술로 장기를 조각하고, 언어와 문학으로 눈·코·입·귀 등 각종 구멍을 만든다. 과학으로 땅을, 신학으로 하늘을 만들어 그 사이에 인문학을 세운다.'

멋진 일이다. 하지만 나는 내 역량을 안다. 그저 어설픈 장인 정신으로 한 땀 한 땀 바느질하여 학문의 이불을 지을 따름이다.

주부들의 진솔한 이야기는 나에게 반보 앞을 비춰 주는 등불이 되었다. 이야기를 경청하고 소화하며 글로 옮기는 과정 자체가 의미 있는 공부였다. 스승으로서의 친구들을 재발견하기도 했다. 신변잡기에 대한 수다만 떨 때는 각자 모두가 능력자였다는 사실을 몰랐다. 누군가 말했다. 꿈과 재능을 가지고 노력하며 나눌 때 삶의 의미와 행복을 얻을 수 있다고. 혼자 위로 올라가 봐야 기다리는 것은 고독뿐이라고. 그렇다. 각자 알을 품고 원하는 길로 헤쳐 모일 때 인간은 행복할 수 있다.

고통스럽지만 인간다운 선택을 하는 것을 배우는 길이 공부요, 인간의 길이다. 젊음은 보톡스로 편 피부 대신 공부로 활성화한 두뇌에 있다. 자기 계발서로 다진 습관이란 하드웨어는 인문학이란 소프트웨어를 만나면서 오류가 줄어 제대로 구동하기 시작했다. 공부하며 자주 행복 바이러스에 감염됐다. 꼭 공부를 해야만 하는지 의문이 들 때면 나는 질문하면서 또 걷는다. 앞의 개가 그림자를 보고 짖을 때 왜 짖는지도 모르면서 따라 짖는 개가 되지 않기 위해서 나는 공부한다.

나는 이제 공부의 길에 막 들어섰고, 공부하는 과정에 있다. 지식의 습득보다 지혜와 인격의 함양이 더 중요하다고 생각하는 나로서는 누군가 부족한 나를 보고 인문학을 공부하는 사람들에 대한 선입견을 품지 않기를 바란다. 습관을 바꾸는 데는 상당한 시간과 반복이 필요하기 때문이다. 내가 말할 수 있는 건 다만 노력할 뿐이란 것이다.

공부에서 많은 시간을 확보하는 일보다 중요한 건 마음을 챙기는 일이었다. 책과 사람, 음악 그리고 세상에 좀 더 깊이 귀 기울일 때 비로소 누추한 껍데기에 가려진 참되고 세련된 알맹이가 보였다. 지금 당장 볼 수 없다 해도 길은 얼마든지 있다는 걸 안다. 공부의 길 위에서 어디로 갈지는 나의 선택에 달렸다. 내가 더 공감하고 싶은 길로 가면 되고, 혹여 길이 없다면 내가 앞서 그 길을 만들면 된다. 반보 앞을 비추는 등불을 들고, 지금, 여기서.

Ⅱ 공부하는 엄마들

Ⅲ. 지금 이 자리의 공부

강은미

1.

공부 환경 만들기

우리 집 작은 도서관

한 예능 프로그램에서 참가자들에게 일주일 동안 책을 읽으며 살라는 미션을 내렸다. 참가자들은 최소 1년 이상 책을 읽지 않은 사람들이다. 책을 읽게 하려고 마련된 장치는 서점에서 각자 관심 있는 책을 구입하는 것과 책으로 둘러싸인 집에서 생활하는 것이었다. 참가자들은 자신이 선택해서 구입한 책이 눈에 잘 띄는 곳에 준비되어 있으니 어느새 책 한 권을 꺼내 읽게 된다고 말했다. 일부러 찾지 않아도 저절로 책이 눈에 들어오는 환경이라면 책 좀 읽어 볼까 하는 마음이 들었을 때 곧바로 실행에 옮길 수 있다.

책 한 권 읽었다고 뭐가 달라질까 싶지만 많은 도서관 사서들이 '책 한 권이면 된다.'라고 말한다. 책 읽기에 재미를 붙이는 데는 책 한 권이면 충분하다는 말이다. 실제로 책 읽기를 즐기는 사람들은 변화의 계기가 된 한 권의 책을 가진 경우가 많다. 어느 순간 내 인생의 책을 만나 감명 깊게 읽으면 좋아하는 작가가 생기고, 특정한 주제에 호기심과 지적인 욕구가 생긴다. 차츰 그 작가와 그 주제에 대한 책을 찾아 읽으며 일상에서 책 읽기를 생활화한다. 긍정적인 순환이 책 한 권에서 시작되는 것이다.

책을 손에 잡고 읽기 시작하면 책 자체에도 애정을 가지게 된다. 애정을 갖는다는 것은 선택적이지 않고 맹목적인 면이 있다. 연애할 때 사람이 좋기 때문에 그 사람과 관련된 모든 것이 좋아지듯 책도 마찬가지다. 책 읽기를 즐기다 보면 책 자체에도 애정을 담아 수집하고 소장하게 된다. 이런 까닭에 많은 애서가가 수천 권에서 많게는 수십만 권의 책을 소장한 장서가가 된다.

책이 늘어나면 좀 더 효율적으로 책을 관리할 필요가 생긴다. 책을 분류하여 정리하고 목록을 만들어 관리하면서 우리 집 작은 도서관을 키워 나가는 재미를 느낄 수 있다. 이때 책을 분류하고 정리하는 기준도 스스로 만들어 보는 것이 좋다. 가령 '따분할 때 읽는 책', '자녀 교육을 위한 책', '마음의 양식이 되는 책'처럼 막연하게나마 기준을 정해 정리해 본다. 다른 사람에게는 체계가 없어 보여도 나에게 의미 있는 분류이기 때문에 한눈에 책의 위치를 알 수 있고 책장 전체가 맥락을 가진 도서 목록이 된다. 내가 만든 기준에 따라 특정한 상황, 특정한 시간에 맞는 책을 찾아 읽기도 쉽다.

가족이 각자 감명 깊게 읽은 책을 위한 책장 한 칸씩을 따로 마련해도 좋다. '아빠의 책', '엄마의 책', '아이의 책'과 같이 각자의 자리에 자신이 선정한 책을 꽂아 두고 관리하는 것이다. 가족 간에 서로의 생각이나 취향을 알게 되고 자연스럽게 대화의 계기를 마련할 수도 있다. 또 자기 책에 특별한 의미를 부여하게 되어 반복해서 깊이 있는 독서를 할 수 있다.

우리 집 작은 도서관을 꾸미기 위해 당장 많은 책을 가지고 있어야 하는 것은 아니다. 먼저 책을 위한 공간을 만들면 된다. 집 안에서 가족이 자주 모이는 곳에 책장을 마련하는 일에서 시작해 보면 어떨까? 공간을 마련하면 전에는 아무 관심 없이 지나쳤던 서점에 일부러 시간을 내서 들르게 되고 차츰 책을 사 모으게 된다. 지하철이나 공항 등 스쳐 가는 곳에서도 짬이 나는 대로 작은 서점에 들어가 살펴보면 괜찮은 책 한두 권쯤은 충분히 발견할 수 있다.

틈틈이 책을 사 모으면 계획해서 책을 구입할 때와는 다르게 책을 잘못 선택하는 경우도 생긴다. 하지만 잘못된 선택도 '좋은 책'을 발견하는 계기가 된다. 잘못된 선택도 해 보고 실패도 하면서 안목이 길러지는 것이다. 무엇보다 이런 실패를 통해서 나에게 좋은 책을 고르게 된다. 좋은 책, 나쁜 책은 따로 정해진 게 아니다. 읽어 보기 전에 내게 좋은 책을 고르기란 불가능하다. 자꾸 읽어 보며 판단해야 안목이 길러지므로 때로는 나쁜 책을 구입하는 일도 꺼리지 말아야 한다.

요즘은 지역 도서관이 활성화되어 있어 도서관에서 책을 빌려 보는 일이 참 편리해졌다. 도서관에서 책을 읽으면서 좋은 책을 발견해 나가는 것도 좋은 방법이다. 하지만 도서관에서 빌려 읽는 책은 반복해서 읽기 어렵다. 영화 『양철북』의 시나리오를 쓴 작가 카리에르는 아버지가 평생 단 한 권의 책만 읽었다고 회상한다. 사람들이 왜 같은 책만 거듭해서 읽느냐고 물으면 그의 아버지는 간단명료하게 답했다. "나는 이 책이 너무 좋은데 왜 다른 책을 읽어야 하지?" 평생을 읽어도 새로운 감동과 의미를 주는 책을 만나려면 일단 읽어야 한다. 우연하고 즉흥적인 만남이라도, 만남이 계속되다 보면 내 운명의 책을 만날 수 있다. 운명의 책은 언제나 곁에 두고 마음이 내킬 때마다 꺼내 볼 수 있어야 한다. 우리 집 작은 도서관을 그런 책들이 채워 나간다고 상상해 보라. 이 얼마나 즐거운 일인가.

'유품 정리'라는 조금 낯선 직업이 있다. 유족을 대신해 사후 이삿짐을 정리해 주는 서비스다. 이 직업에 종사하는 분의 이야기를 들어 보니 고인이 혼자 머물던 공간은 대개 슈퍼마켓에서 물건을 담아 주는 비닐봉지 같은 잡동사니, 수십 년 세월의 흔적이 깃든 옷가지, 몇 년을 써도 다 쓰지 못할 생활용품으로 가득 차 있단다. 심지어 장롱 밑에 일부러 집어넣은 것으로 보이는 지폐까지 발견된다고 한다. 이런 이야기를 듣다 보면 살아생전 다 누리지도 못할 온갖 것들을 자신의 공간에 채우고 살다 빈 몸으로 돌아간 인생에 대한 애처로움이 느껴진다.

이삿짐을 싸다 쌓아 둔 일회용품을 보며 스스로 한심한 생각이 들었다는 지인도 있다. 물론 그것들은 언젠가 쓰게 된다. 나들이 갈 때 쓰고 버리고 올 수 있어서 편리하니까. 하지만 어쩌다 한 번 쓰려고 쌓아 둔 양이 평생을 다 써도 못쓸 정도이고, 문제가 있다고 생각하면서도 또다시 그런 잡동사니들이 생기면 함부로 버리지 못한다.

정리법 책에서는 한결같이 '정리를 못하는 것은 버리지 못하는 것이 문제'라면서 당장 쓸모없는 물건은 버려야 한다고 이야기하지만 알뜰함을 나무랄 수도 없고 자원의 활용이라는 측면에서 봐도 함부로 버리는 게 능사는 아니다. 어쩌다

한 번이라고 해도 그 물건이 필요한 순간이 있으니 '언젠가는 쓰게 되겠지, 버리기는 좀 아깝다.'라는 생각에 막상 버리기도 쉽지 않다.

어쩌면 모든 것이 풍요로워졌기 때문에 애써서 모으려고 하지 않아도 짐이 점점 늘어나게 되는 것이 아닐까? 세상은 온갖 물건을 내놓으며 소유하라고 유혹하고 그 물건들은 손쉽게 우리 손에 쥐어지기 때문에 소유의 유혹에서 벗어나기가 쉽지 않다.

애초에 최소한의 것만 소유하면 버리기 위해 결단해야 하거나 정리해야 하는 문제가 생길 리 없다. 색채 심리학자 아키타 무네히라는 병상에서 제자에게 "모파상의 『비곗덩어리』를 읽고 싶은데 절판되어 아쉽다."라는 말을 전했다. 제자가 헌책방을 뒤져 『비곗덩어리』와 함께 책 세 권을 스승에게 보냈지만 그는 『비곗덩어리』를 뺀 나머지 책은 다시 제자에게 돌려보냈다고 한다. 노년의 삶을 정리하고 있던 그는 책 한두 권도 함부로 소유하지 않겠다는 뜻을 밝힌 것이다. 무네히라처럼 물건을 소유하게 되는 시점부터 적극적으로 '꼭 필요한 것인지, 소유해야 하는 것인지' 따져 묻지 않으면 우리가 사는 공간은 금세 물질로 꽉 채워져 빈틈이 없어지고 말 것이다.

동양의 아름다움 가운데서도 손꼽히는 '여백의 미'에서 여백은 단순히 빈 공간이 아니다. 여백의 공간에 무엇인가를 그려 넣으면 작품의 완성도는 훼손되고 만다. 따라서 여백은 단순히 비어 있음이 아니라 어떤 채움이다. 일상의 공간에도 물질을 비워 내고 삶의 깊이로 채우는 여백이 필요하다. 삶의 공간을 채우고 있는 물질들을 비워 내면 그곳을 채우는 또 다른 풍족함을 만날 수 있다. 정신의 풍요와 여유다.

특히 공부를 하겠다고 마음먹었다면 공부에 중심을 두고 주변을 정리할 필요가 있다. 이런저런 짐들이 쌓인 공간에서 한 가지 일에 온전히 집중하기는 쉽지 않다. 책을 읽어 보겠다고 앉았는데 주변이 단조롭고 여유롭지 않으면 온전히 책에 집중하기 힘들다. 책을 읽다가 문득 고개를 들었을 때 쌓아 놓은 짐이 눈에 들어오면 상념이 고개를 든다. '정리부터 하고 책을 읽어야지.'라든지 그 물건에 깃든 사연과 사건이 떠오르면서 책은 이미 머릿속에서 멀어져 버린다.

쌓아 둔 물건들은 어떻게든 관리해야 하니 시간을 뺏기는 일도 불가피하다. 집안을 청소하는 시간이 길어지고 공들여 청소를 해도 얼마 지나지 않아 다시 어지러워지기 일쑤다. 아무리 치워도 어수선해 보이고 정돈된 상태가 유지되기 힘든 탓에 청소는 가사일 중에서도 보람 없고 의미를 찾기 힘든 일이 된다. 물건을 쌓아 놓지 않아야 공간에 여유가 생기고 청소도 편해진다. 청소된 상태도 비교적 오래 유지되고 어질러져도 치워야 할 물건 자체가 많지 않으니 청소 시간이 줄고 스트레스도 줄일 수 있다. 끝나지 않는 청소에 쏟아야 하는 시간을 책 읽는 시간으로 만들 수 있고, 책 읽겠다고 앉았을 때 주변의 고요함과 비어 있음으로 인해 책에 집중할 수 있게 된다.

휴대 전화는 잠시 꺼 두고

휴대 전화는 우리 일상에서 떼어 놓고 생각할 수 없을 정도로 필수품이 되었다. 특히 스마트폰이 대중화되면서 몸에 지닌 '네트워크'를 통해 우리는 언제 어디서나 누군가와 연결되어 있다. 속도가 한없이 빨라지고 네트워크 차단이 가능한 공간은 점점 사라지면서 오지에서도 휴대 전화 사용에는 불편함이 없다.

'느림의 미학? 가끔이지, 그렇게 지루한 세상을 견딜 수 있겠어?' 결국 세상은 빠른 사람이 이끈다고 광고는 말한다. 이 광고는 빠름에 대한 예찬처럼 보이지만 한편으로 빠름에 대한 회의가 시작됐다는 것을 보여 주는 반증이다. 빠른 세상을 따라가다가 자기 리듬을 잃은 사람들이 느리게 살려고 시도한다. 광고는 그렇게 느린 삶은 지루하니 빠름을 의심하지 말라고 회유하는 것이다.

빨라지는 세상과 연결되면서 내면을 돌볼 여유가 사라진 삶에 공허감과 불안감이 따른다. "왜 이렇게 생각할 시간이 없는가? 이 허전하고 불안한 느낌은 무엇인가? 어디까지가 군중의 의견이고 어디서부터가 내 의견인가?"(윌리엄 파워스, 『속도에서 깊이로』) 마음속에 질문이 일어나지만 이런 질문에 집중할 수 없다. 외로움은 홀로 있는 괴로움을 표현하는 단어인 반면 고독은 홀로 있는 영광을 표현하기 위한 단어라는데, 네트워크 속 세상에 더 이상 홀로 있는 영광은 없다. 다만 질문하지 말고 빨리 네트워크로 복귀하라는 명령만 있다.

내가 외부와 완전히 일치한다면 소통과 교류가 있을 수 없다. 홀로 있음을 견딜 수 있을 때라야 진정한 소통과 교류가 가능하다. 세상과 경계 짓고 구분되는 '나'가 존재해야 세상으로 나아갈 수 있다. 세상의 속도와 완전히 일치하거나 타인의 생각이 내 생각과 구별되지 않는다면 내 삶은 내가 사는 것이라고 할 수 없다. 공허와 불안을 떨쳐 버리려면 끊임없이 세상으로 뛰어들 것이 아니라 때때로 세상에서 벗어나 내면을 돌보며 자기 삶의 주체성을 회복해야 한다.

점점 빨라지는 네트워크의 속도를 따라가기 위해 재빨리 생각하고 결정하는 버릇에 길들여지는 것도 위험하다. 창조적인 사고는 시간적으로나 정신적으로나 여유를 가질 때 발휘된다. 쫓기는 상황에서 내면에 집중하면서 창조적이고 독창적인 사고를 하는 것은 불가능하다. 시간에 쫓겨 마음이 급하면 창의적인 문제 해결은커녕 뻔히 아는 사실도 기억해 내기 어렵지 않은가.

잠자리에서조차 휴대 전화를 만지작거리다 잠이 드는 모습이 어느새 일상이 되었다. 깊은 밤, 지극히 사적인 공간에서도 누군가가 불쑥 휴대 전화로 나의 집중을 깨는 상황이 더 이상 낯설지 않다. 휴대 전화를 옆에 둔 채로는 고요하게 내면에 집중하는 시간을 유지하기가 힘들다. 심리학자들은 인간이 무엇엔가 집중하고 있다가 방해 요소에 반응해 일단 집중력이 분산되면 다시 원래 하던 일에 집중하기가 힘들다고 말한다. 집중력을 회복하는 데 방해받은 시간의 수십 배에 해당하는 시간이 걸릴 수도 있다고 한다.

게다가 현대의 많은 도구는 멀티태스킹에 적합하게 만들어진다. 한 번에 여러 가지 일을 하는 것은 시간을 효율적으로 쓰는 중요한 방법처럼 여겨진다. 그러나 한 번에 여러 가지 일을 하는 것이 과연 효율적인가 하는 근본적인 물음을 던져 봐야 한다. 스치듯 빠르게 지나가는 것보다 집중하여 관찰할 때 더 많은 것을 보고 느낄 수 있다. 집중이 빠른 속도보다 효율적일 수 있다.

모든 네트워크를 차단하고 완전히 고립되어 살 수는 없다. 하지만 적어도 책을 읽는 동안에는 휴대 전화를 꺼 놓아야 한다. 책을 읽는 행위는 단순히 글자를 읽는 행위가 아니다. 무엇보다 독서는 자신과의 외로운 싸움이다. 외부에서 얻은 지식이나 정보가 내 삶에서 유용하게 쓰이려면 나의 해석이 있어야 한다. 그래서 '읽다'라는 동사는 '책을 읽다.'를 넘어 '세상을 읽다.'처럼 쓰이기도 하고 심지어 '마음까지 읽는다.'라고 표현한다. 이를 보면 읽는다는 것이 얼마나 적극적인 행위인지 알 수 있다. 빠른 속도로 멀티태스킹하며 의미를 읽어 내기란 여간 어려운 일이 아니다. 내면으로 향하는 치열하고 적극적인 읽기를 위해 휴대 전화는 잠시 꺼 두어야 한다.

엄마의 책상, 특별한 공부의 자리

내 책상은 거실 가장 좋은 자리에 있다. 아이들 책상은 각자 방에 하나씩 있고 텔레비전을 치운 거실에 커다란 앉은뱅이책상이 있지만 내 책상을 하나 따로 마련했다. 내 책상에는 '엄마의 책상'이라는 폼 나는 이름도 있다. 십여 년 전부터 내 책상을 두고 살았기 때문에 처음부터 그런 줄 알았다. 하지만 돌아보니 아이가 초등학교에 입학하기 전까지 우리 집에는 책상이 없었다. 큰아이가 초등학교에 입학할 무렵 아이들 책상과 함께 내 책상을 장만했다. 오래전 일이라 왜 내 책상을 따로 장만했는지는 기억나지 않지만 나만의 공부 공간을 가진 것만으로도 책상에 앉게 되고 책 읽는 시간이 늘었다.

'책 좀 읽어야지.' 하는 결연한 의지도 도처에 깔린 자극적이고 강렬한 유혹 앞에 속수무책인 경우가 많다. 옛 선비들이 개인의 의지로 현실의 유혹을 이길 수 없다는 것을 잘 알고 자연 속으로 서재를 옮겼듯이, 우리도 독립적인 서재를 마련함으로써 오롯이 책을 읽고 공부한다는 분위기와 열의를 이어 나갈 필요가 있다.

주부가 가정을 등지고 자연 속에 서재까지 마련해 책을 읽을 수는 없으니 흉내라도 내 본다. 나만의 독서 공간을 마련하고 고상한 선비처럼 책을 읽으면 금세 공부 분위기에 빠져든다. 나만의 독서 공간을 만드는 데 많은 비용이 필요한 것은 아니다. 크고 화려한 서재가 목적을 다하지 못하는 경우는 주변에서도 흔하다. 화려하고 큰 책상이 공간을 차지한 채 먼지만 쌓이게 두느니 조그만 탁자에라도 자기만의 독서 공간이라는 의미를 부여하는 편이 낫다. 독서 공간에 현실과 동떨어진 신성한 의미를 부여하고 독서에 방해가 되는 요소를 모두 제거한 뒤 꾸준히 앉아 책을 읽는다면 내면의 성장을 이끌어 낼 수 있다.

때로는 환경을 바꾸어 독서하는 것도 좋다. 읽고는 싶은데 어려운 책을 들고 일단 도서관에 가는 것이다. 열심히 공부하는 학생들 틈에 있으면 새로운 기분이 들고 공부에 더 집중할 수 있다. 도서관에서 어려운 책의 앞부분을 읽어 보자. 집에서라면 조금 읽다 덮겠지만 분위기의 힘으로 한 쪽 한 쪽 읽어 낼 수 있다. 앞부분을 읽어 내면 그다음에는 책의 힘이 나를 이끈다. 일단 흐름을 타면 어려운 책이라도 다음이 궁금해지면서 집에 돌아와서도 재미있게 읽게 된다. 게다가 도서관에는 아직 내가 관심을 가져 보지 못한 수많은 책들이 있다. 틈틈이 살펴보면 공부 영역을 확장하는 계기도 된다.

지하철에서 책 읽기도 좋은 방법이다. 지하철은 의외로 집중이 잘되는 장소다. 『종이책 읽기를 권함』을 쓴 김무곤은 한때 책을 읽으려고 기차를 탔다고 한다. 그는 신촌 기차역에서 일산으로 가는 기차를 타고 왕복 1시간 20분 동안 책을 읽었다. 매주 역 근처 서점에서 신간 한 권, 잡지 한 권을 샀다. 지하철에서 책을 읽다 보면 목적지에 도착해도 내리기 싫을 만큼 상쾌한 기분이 들었다고 한다. 그 정도면 가끔 책에 빠져서 내려야 할 역에서 한두 역을 지나치는 부작용도 기쁘게 감수할 수 있지 않을까.

무엇보다 자신이 책에 집중할 수 있는 공간을 찾는 것이 좋다. 공부는 힘이 들게 마련이어서 의지만으로는 집중하기가 힘들기 때문에 일상의 공간에서 공부하다가 힘에 부칠 때는 집중이 잘되는 특별한 공간을 찾아 책을 읽는 것도 좋은 방법이다. 자신이 좀 더 집중할 수 있는 곳이면 버스 정거장이든 지하철이든 카페 구석이든 책을 들고 가서 읽으면 된다. 그렇게 읽기 시작하면 집에 돌아와서도 계속 재미있게 읽을 수 있다.

특별한 공부와 일상의 공부가 잘 어우러질 수 있도록 자기만의 이야기가 있는 공간을 만들어 가면 좋지 않을까? 계속 공부를 하고 어디서나 틈나는 대로 책을 읽다 보면 공간에 책과 얽힌 추억이 쌓인다. 그 공간은 다른 사람은 모르는 공부 동기를 주는 공간으로 다시 태어난다. 얼마 전 정거장에서 버스를 기다리며 책을 읽고 있었다. 타야 할 버스가 오는지 곁눈질로 확인하는데 옆에 있던 아주머니가 몇 번 버스를 기다리느냐고 물으셨다. '아주머니가 기다리는 버스가 안 오나?' 잠깐 생각했다. 뜻밖에도 아주머니는 "버스 오면 알려 줄 테니 책 편히 읽어요."라고 하셨다. 잠시 스쳐 간 만남이지만 내 공부가 격려받은 기분이었다. 이런 경험은 특별한 개인의 경험이 아니다. 공부를 계속할수록 공부로 이끄는 공간도 조금씩 늘어나므로 어디서나 책 읽고 공부하는 일이 자연스러워진다.

공부하면 시간은 따라온다

어느 고승은 이렇게 말했다. "승려의 구도 행위를 흔히 고행이라 여기는데, 이는 잘못된 시각입니다. 도를 얻는 수련이 정말 고생길이면 어떤 승려도 그 길을 걷지 않을 겁니다. 깨달음을 얻는 일이 즐겁기 때문에 그 길을 걷는 것입니다." (가와기타 요시노리, 『마흔 살의 철학』) 책도 마찬가지인 것 같다.

억지로 고통을 참으며 읽는 것이 아니라 즐거움 때문에 읽는다. 어려운 책을 겨우겨우 읽어 내는 모습을 옆에서 지켜보면 '고생이 참 많구나.'라고 생각할 수 있다. 하지만 책을 읽는 사람은 겨우겨우 읽으면서도 진심으로 즐기고 있다. 힘든 가운데 즐거움이 따른다.

특별한 목적 없이 인문학 강의를 들으러 다니는 나를 보고 주변 엄마들이 "공부에는 때가 있어. 나이 들어 무슨 공부야?" 하고 맥 빠지는 소릴 한다. 책 좀 오래 보면 눈도 침침하고 앉아 있으면 허리도 아프다. 그래도 나이 들면서 시행착오도, 실패도 경험하며 생각의 폭을 넓혀 왔다. 어렸을 때는 몰랐던 인생의 의미도 어렴풋이 느낀다. 깨달음의 즐거움을 알고 판단력까지 갖춘 지금이 공부에 가장 적합한 때가 아닐까? 게다가 나이를 먹어 공부하니 자신이 배우고 싶은 것을 자유롭게 선택하고 찾아 나설 수 있다. 기간을 정해 놓고 공부해서 시험을 치르고 평가받는 공부가 아니기 때문에 여유를 가지고 의미를 찾는 공부를 할 수 있다. 작가가 이야기하는 요점을 단순하게 받아들이는 공부가 아니라 나의 생활에서 그 의미를 찾아 적용하는 책 읽기를 하면서 진정한 공부의 의미를 알아 간다.

주부로 살다 보면 자기 원하는 시간에 공부만 할 수는 없다. 주부는 가족의 일상과 떨어질 수 없기 때문에 책을 펼쳤다가도 금방 덮어야 할 때가 많다. 괜찮다. 쫓기지 않아도 된다. 완성되지 못한 일이 오래도록 기억에 남는다고 하니 틈틈이 다시 책을 펼치면 된다. '책을 읽어야지.' 하고 계획할 땐 시간이 없지만 느긋하게 '되는 대로 읽자.'라고 마음을 비우면 오히려 책 읽을 짬이 생긴다. 그렇게 짬을 이용하면서 공부하면 스스로 대견한 마음이 들어 다시 공부의 열정이 샘솟는다.

어쩌면 책 읽을 시간이 없다는 말은 책 읽기 싫고 어떻게 시작해야 하는지 모르겠다는 말인지도 모른다. 아무리 열악한 조건이라도 자신의 삶을 사는 것은 각자의 몫이다. 책 읽기도 공부도 마찬가지다. 일단 책 읽는 시간이 늘어나면 자연스레 다른 일 하는 시간이 줄어든다. 의미 없이 텔레비전을 켜고 이리저리 채널을 돌리는 시간, 이웃 엄마들과 매번 반복되는 공허한 수다를 떠는 시간, 꼭 필요한 것이 없는데도 아이쇼핑이나 인터넷 쇼핑을 하며 욕구만을 키우는 무의미한 시간부터 줄이게 된다. 타인을 만나 교류하는 일도 사람에게는 빼놓을 수 없이 중요한 일이다. 자녀를 둔 주부의 경우에는 동료 학부모들을 만나 정보를 교환하는 경우도 많은데 이런 모임은 최소화하거나 독서 모임으로 전환해 보는 것도 좋다.

무엇보다 일단 공부를 중심에 두고 시작하는 것이 중요하다. 방향이 잘못되었다면 공부해 나가면서 방향을 수정하고 좀 더 깊이 있는 공부로 나아갈 수 있지만 시작하지 않고서는 어떠한 변화도 일어나지 않기 때문이다. 지금 어떤 이유로든 책을 읽어야겠다는 막연한 열의가 생겼다면, 책을 읽어야 할 것 같은 조급함이 생겼다면, 망설이지 말고 무엇이든 읽기 시작하라. 그것이 공부 시간을 만드는 유일한 비결이다. 일단 시작하면 해 보지 않고는 알 수 없는 공부의 기쁨이 따라온다.

산책하면 공부하기 좋은 몸이 된다

독일의 철학자 칸트는 허약 체질이었음에도 중요한 저작을 노년기에 완성할 만큼 인생의 황혼기에도 왕성한 지적 활동을 했다. 허약한 체질의 칸트가 지적 생활을 유지한 비결은 철저한 몸 관리에 있었다. 그는 새벽 5시에 일어나고 저녁 10시에 자는 규칙적인 생활을 했으며, 평생 엄격한 식생활을 했다. 또 나이 들어 힘들어지기 전까지는 매일 산책도 빼놓지 않았다. 항상 일정한 시간에 일정한 거리를 산책했기 때문에 칸트가 산책한 거리에는 '철학자의 산책로'라는 이름이 붙여졌을 정도다. 그가 산책을 하지 않은 며칠은 루소의 『에밀』 읽기에 빠져 있던 때라고 하니 엉덩이 힘, 근기로 말하자면 칸트를 따를 사람이 없어 보인다.

규칙적인 생활 습관과 균형 잡힌 식생활은 몸뿐 아니라 정신의 건강도 유지하며 지속적인 공부를 가능하게 해 준다. 특히 산책은 여러 철학자에게 지적 자극을 주는 중요한 수단이었다. 산책을 하며 학문을 논하고 철학했던 아리스토텔레스의 학파를 산책을 뜻하는 '소요학파'라고 불렀는가 하면 니체는 "오로지 산책에서 얻는 사고만이 가치를 지닌다." 라고 말하기도 했다. 루소 역시 "나는 걸을 때만 명상에 잠긴다. 걸음을 멈추면 생각도 멈춘다. 나의 정신은 언제나 나의 다리와 함께 작동한다."라고 말한 것을 보면 산책이 가진 힘은 우리의 상상을 넘어서는 것인지도 모르겠다.

산책을 하며 몸을 단련하면 공부를 습관화하는 데도 도움이 된다. 공부를 열심히 해 본 사람들은 한결같이 공부는 머리로 하는 것이 아니라 몸으로 하는 거라고 말한다. '배움'이라는 말의 유래를 봐도 그렇다. '몸에 밴다.'라는 말은 익숙해져서 의도하지 않아도 자연히 그렇게 행해지는 경지를 이른다. '배다'에서 '배우다', '배움'이 유래했다. 즉 배움은 익숙해지기까지 점진적으로 반복되는 과정에서 가능하고, 익숙하고 편안한 상태로 느껴질 만큼 단련하고 습관화해야 한다는 의미다.

자전거를 배울 때를 생각해 보자. 자전거 잘 타는 법을 이론적으로 이해한다고 해서 곧바로 자전거를 탈 수 있게 되지는 않는다. 몸을 움직여 반복하면서 익혀야 한다. 처음에는 잘 타겠다는 마음에 힘이 들어가 오히려 자전거 타는 데 방해가 된다. 하지만 일단 몸에 배면 동작이 자연스러워지고 편안하게 자전거를 즐기게 된다. 잘 타겠다는 마음이나 의지만으로 자전거 타기를 배울 수 없고 몸에 익숙해지도록 단련하는 시간이 필요한 것이다. 일단 자전거가 몸에 익숙해지면 한동안 타지 않아도 자전거 타는 방법을 잊지 않는다. 공부도 익숙해지도록 습관을 들이는 것이 중요하다.

게다가 몸을 움직이면 균형을 잡는 데 유용하다. 넘어지지 않고 자전거를 탄다는 것은 사실 쉴 새 없이 미세하게 깨어지는 균형을 순간순간 조절하며 균형을 실현하는 일이다. 백조가 물에 떠 있는 모습을 멀리서 보면 고정된 것처럼 보여도 실제로는 쉼 없이 다리를 움직이며 균형을 맞추고 있는 것과 마찬가지다. 정신의 작용이 이러한 균형을 찾으며 중용의 미덕을 실현함을 깨닫기는 쉽지 않다. 하지만 몸이 순간순간 균형을 찾고 있음을 깨닫기는 쉽다. 일본의 평론가이자 철학자인 가라키 준조는 책을 읽는 행위에 '소리 내어 읽기, 동작과 더불어 읽기' 등의 신체 행위가 동반될 때 책에 심취하기 쉬워진다고 한다. 산책을 할 때도 신체 행위가 동반되기 때문에 사유가 깊어지고 의미에 심취하게 되는 것이리라.

한편으로 산책은 의미를 발견하는 여백과 같은 시간이다. 책을 읽고 덮어 버리면 감동이나 배움은 잠시 후 사라져 버린다. 지적인 자극을 지속하려면 책이 가진 의미를 되새겨야 한다. 책을 읽고 난 뒤 내용을 음미하는 과정에서 의미를 발견하는 것이니까.

2.

어떻게 공부할까?

내가 만드는 공부의 길

여행을 할 때 의무적으로 그 지역을 처음부터 끝까지 두루 살펴봐야 한다면, 그것도 자세히 살펴봐야 한다면 그 여행은 고역일 것이다. 훑어보듯 지나치다 호기심을 느끼게 하는 곳, 머물고 싶은 곳이 있으면 그곳에서 시간을 충분히 보내는 것이 기억에도 오래 남고 흥미로운 여행이 된다. 장소·시간·체험 방식 등에 대한 결정권이 자기에게 있어야 여행을 즐길 수 있다. 아이들을 데리고 여행할 때 아이들도 마찬가지가 아닐까? 스스로 선택하고 결정한 여행이 아니면 아무리 좋은 곳에 데려가서 좋은 경험을 시켜도 아이들은 쉽게 감동하지 않는다.

자기 선택권은 책 읽기에서도 중요하다. '명작이니까', '남들이 좋다고 하니', '끝까지 읽어야 해서'처럼 보이지 않는 강요에 의한 책 읽기는 배움도, 힐링도 될 수 없다. 책 읽기가 삶의 의미를 더해 주는 깊이 있는 읽기가 되려면 자신의 취향과 관심을 알고 자신이 선택해서 읽어야 한다. 내가 무엇을 할 때 가장 행복하고 어떤 생각에 빠져 있는지는 자신이 가장 잘 안다.

무엇이든 좋아하는 사람은 싫어하는 사람이 알지 못하는 재미를 느끼며 산다. 커피를 좋아하는 사람은 커피 맛과 향기에 빠져 커피와 관련된 모든 것을 즐긴다. 산책을 좋아하는 사람은 앉아만 있는 사람은 모르는 경치를 알고 움직이는 몸에서 오는 상쾌함을 즐긴다. 어떤 계기로 시작하든 해 보면서 좋아하는 마음을 내고 지속적으로 찾아 하면서 잘하게 된다. 지금 당장은 내가 좋아하는 것을 떠올리지 못해도 어떤 분야든 공부를 하면서 스스로의 관심과 취향을 발견해야 지속적으로 즐겁게 공부할 수 있다.

인문학은 큰 관점에서 공부하면 좋을 거라는 막연한 믿음으로 시작하는 게 좋다. 철학은 낯설게 보기를 통한 의문으로 하는 공부인데 '믿음을 가져야 한다.'라니 황당하게 들릴 것이다. 그러나 배움은 배우기 전에는 무엇을 배우게 될지, 배움을 통해 무엇을 얻을지 구체적으로 알지 못한 채 시작되고 진행되는 측면이 있다. 또 느낌이 좋아 시작하고 지속하다 보면 공부에 자신감도 붙고 더 몰입하게 된다. 인문학에 뭔가 특별한 게 있다는 믿음이 생겼다면 의심하지 말고 즐기는 기분으로 배워 보는 것이 좋다.

자기가 지속할 수 있는 분야를 찾으려면 우선 넓게 파는 편이 좋다. 넓게 파면 깊게 팔 수 있다. 다양한 분야를 훑어보다가 자기가 지속할 수 있는 분야를 발견하면 그것을 깊게 파 나갈 수 있기 때문이다. 자기의 관심 분야를 찾는 만큼 자기 리듬을 찾아가는 일도 중요하다. 다른 사람에게 아무리 좋아도 나에게 맞지 않는 운동은 그만두기 십상이다. 나에게 적합한 운동 강도와 시간이 따로 있다. 내 리듬에 맞춰 조금씩 하다 보면 운동이 규칙적인 일상이 된다. 몸의 변화를 느끼고 서서히 운동에 빠져들 때쯤이면 운동에 맞춰 일상을 재배치하게 된다. 공부도 마찬가지다. 무엇이든 오래 하려면 결국은 자기 리듬을 찾아야 한다. 공부에 집중하고 싶은 마음이 들면 그때는 누가 시키지 않아도 공부에 맞춰 일상을 재배치하게 된다. 그래야 한다는 의무감보다는 그러고 싶다는 욕망으로 공부를 지속할 수 있다.

물론 아무리 즐긴다고 해도 어떤 일에든 어려움이 있고 고비가 있다. 그런 어려움과 고비 때문에라도 스스로 좋아하는 마음으로 시작하는 것이 좋다. 자신이 흥미를 느끼는 분야에서 즐기는 사람만이 그 길에 놓인 어려움을 기꺼이 극복하고 고비를 넘긴다. 좋아하는 것을 하면서 어려워도 공부를 지속하는 과정에서 즐거움과 행복은 배가된다. 그런 까닭에 술술 읽히는 책보다 어렵사리 읽어 내는 책이 읽고 난 뒤 더 큰 성취감을 준다.

모든 책을 구입할 수 없다면

『나는 고양이로소이다』를 쓴 나쓰메 소세키는 런던 유학 시절에 도서관에 거의 가지 않았다고 한다. 대신 많은 책을 사들였다. 도서관에서 빌려 보는 책에는 생각을 써 놓을 수 없어서다. 나쓰메 소세키처럼 도서관에 가지 않아도 될 만큼 책을 사들이고 싶은 마음이 들 때가 있다. 하지만 경제적 부담이나 공간적 조건을 염두에 두지 않을 수 없다.

몇 년에 걸쳐 『서양 철학사』를 50번 정독했다는 철학자 강유원의 이야기를 전해 듣고 그런 공부의 태도를 배우고 싶었다. 그러던 중 인터넷에서 접한 그의 강의에서 단테의 『신곡』 정도는 책장에 꽂혀 있어야 한다는 말을 듣고 큰마음 먹고 구입했다. 몇 년이 지난 지금까지 정말 책장에 잘 꽂아만 두고 있다. 언젠가 지식이 좀 더 쌓이고 생각이 깊어지면 읽게 될지도 모르지만 더 읽고 싶은 책을 구입하는 편이 낫지 않았을까 하는 마음도 든다. 한편으로는 아무리 좋은 책을

Ⅲ. 지금 이 자리의 공부

추천받아도 나에게 맞지 않은 책일 수 있음을 인정하게 되었다.

추천받은 책이나 읽고 싶은 책을 모두 구입할 수 있다면 좋겠지만 주부가 자기 공부를 위해 관심 있는 모든 책을 사보는 것은 쉬운 일이 아니다. 모든 책을 구입할 수 없기 때문에 책을 고를 때는 신중해야 한다. 추천 도서는 대부분 내 관심사, 내 독서력, 내 수준과 동떨어지게 마련이다. 또 내가 읽어 낼 능력이 되는 책이라 해도 그 많은 추천 도서를 어떤 순서로 어떻게 읽어 나갈지를 최종적으로 결정하는 것은 나일 수밖에 없다. 따라서 책을 선택하면서 실수할 수도 있고 추천 도서를 읽는 것보다 비효율적일 수도 있지만 내 수준에 맞게 시작해야 멈추지 않고 지속적으로 공부할 수 있다.

공부를 계속해 나가면서 점점 좋은 책, 가치 있는 책으로 이끌려 갈 것이고 안목이 생길 것이다. 독서법 책들은 다독多讀만큼이나 고전을 여러 번 반복해서 읽기를 권하는데, 고전은 여러 번 반복해서 읽어도 그때마다 의미를 새롭게 발견하고 현실의 문제에 적용할 수 있기 때문이다. 그런 의미에서 내가 반복해서 읽으며 일상의 문제에 대한 해답을 구할 수 있는 책은 나의 고전이자 양서다. 따라서 정기적으로 도서관을 찾아 책을 둘러본 뒤에 꼭 읽고 싶은 책을 구입하는 편이 현실적으로 맞다. 몇 차례 반복해서 살펴봐도 나의 관심을 끌고 다시 찾아 읽고 싶은 책이 나의 고전인 셈이다. 누가 좋다는 책, 많이 팔린 책이 아니라 나의 관심을 지속할 수 있는 책이므로 두고두고 반복해서 읽게 된다.

신간을 살펴보려면 서점을 방문해야 한다. 도서관에는 신간이 바로바로 구비되기 힘들다. 서점 신간 코너에서 관심을 끄는 책을 살펴보고 구입한다. 중고 서점을 이용하는 것도 재미있다. 곰팡내 나는 헌책방은 시간을 거스른 추억의 공간이다. 품절되어 구할 수 없는 책, 옛 추억을 생각나게 하는 문고판 소설책, 뜻밖에 가치 있는 책을 만날 수도 있다. 책마다 담긴 사람 이야기도 구수하다. 가끔은 가볍게 밑줄을 그어 놓은 책을 만나기도 한다. '왜 이 사람은 이 부분에 밑줄을 그었을까?' 책의 재미에 호기심까지 더해진다.

자주 도서관이나 서점을 찾아 내 관심을 끄는 새로운 책들을 발견하는 것도 좋다. 옷을 쇼핑할 때 자주 의류매장을 찾아 살피는 사람이 좋은 옷을 구입할 수 있는 것과 마찬가지로 책도 자주 찾아보며 안목을 높여야 한다. 더구나 요즘은 책의 유통 기간이 짧아졌다. 나중에 사야지 생각하다가 때를 놓치면 좋은 책이 나도 모르는 사이에 사라져 버릴 때도 있다. 그러니 항상 관심을 가지고 신간을 살펴봐야 한다.

'너 자신을 알라.'는 소크라테스를 대표하는 문장이다. 원래 이 문장은 소크라테스가 한 말이 아니라 델포이 신탁에 쓰여 있던 말이라고 한다. 그럼에도 이 문장은 소크라테스의 정신을 잘 나타낸다. 소크라테스는 "우리 중 누구도 진실로 선하고 아름다운 것에 대해 알고 있지 않다. 하지만 적어도 나는 그들보다 낫다. 왜냐하면 그들은 아무것도 모르면서 안다고 생각하지만, 나는 마찬가지로 아무것도 모르지만 내가 안다고 생각하지는 않기 때문이다."라고 하면서 "네가 모르고 있다는 것을 알라."라고 말했다.(김주일, 『소크라테스는 악법도 법이라고 말하지 않았다』)

소크라테스에게 철학은 질문과 대화였다. 소크라테스는 모든 것을 알았기 때문이 아니라 끊임없이 질문했기 때문에 지혜로웠다. 지식이 많다고 지혜로운 것이 아니듯 지식이 많다고 철학하기 쉬운 건 아니다. 지식도 많고 정보도 많은 우리 중에 소크라테스처럼 질문할 수 있는 사람이 몇이나 될까?

대답보다 중요한 것은 질문일지 모른다. 맥락에서 빠져 있거나 모순이 있는 부분에 대해 질문해야 하는데 맥락을 알지 못하면 제대로 질문할 수 없다. 아무것도 모를 때는 의문을 갖기 힘들고 어느 정도 아는 것이라야 모르는 부분을 물을 수 있다는 말이다. 그러니 그저 모르는 것을 묻는다면 공허한 질문, 의미 없는 질문에 머물게 된다. '왜?'라는 질문을 던질 때도 마찬가지다. 흔히 '왜?'라고 물어야 한다고 말한다. 하지만 '왜?'는 때로는 공허한 질문이 된다.

가령 '왜 사는가?'라는 질문에는 시인 김상용이 「남으로 창을 내겠소」에서 말하듯 그저 웃는 게 적당한 답일지도 모른다. '왜 배워야 하는가?'라는 질문에는 배워야 하니 배운다고 대답하는 것이 적절하지 않을까. 삶이나 배움이라는 것은 내가 마주한 현실이므로 거기서 시작할 수밖에 없는 조건이기 때문에 이를 전제하고 질문을 던지는 것이 맞다. 따라서 질문을 좀 더 구체화시켜야 한다. '왜 대중의 삶을 따라 사는가?'라고 질문하면 자기 나름의 해답을 찾는 과정에서 좀 더 좋은 삶에 대한 전망을 그리게 된다.

질문이 자신의 삶에서 구체적인 의미를 가지려면 '무엇을'이나 '어떻게'를 함께 물어야 할 것이다. '왜 배워야 하는가?'라고 묻지 않고 '인문학을 왜 배워야 하는가?'처럼 묻거나 '인문학을 어떻게 배워야 하는가?'라고 묻는 것이다. 현실의 문제를 바라보는 삶의 관점으로서 철학이 필요하다면 우리가 던진 질문이 공허하면 안 된다. 철학이 반드시 현실의 문제를 바라봐야 하는 것은 아니라는 주장도 있다. 물론 순수하게 지적인 호기심을 채우고 사유 자체를 즐기는 공부의 자세도 필요하다. 그러나 순수한 지적 호기심만을 위한 공부,

지적인 즐거움만을 추구하는 공부는 평생 하기도 힘들고 바람직하지도 않은 것 같다. 우리 각자는 모두 자신 앞에 놓인 구체적 현실에서 맞닥뜨리는 여러 문제를 해결하면서 살기 때문이다. 우리가 공부를 통해 얻으려는 것은 단순한 지식이 아니라 지혜를 쌓아 우리 앞에 놓인 세상을 해석하고 제대로 잘사는 것이 아닐까?

때로 현실에서 외면하고 싶은 문제나 납득할 수 없는 상황을 마주하게 된다. 그런 상황이라도 있는 그대로의 현실로 인정하지 않으면 문제의 해결이나 개선이 있을 수 없다. 복잡하게 얽혀 있는 현실을 전체로 보지 못하고 내 관점만을 고집하면 해결책을 제시한다고 해도 또 다른 갈등을 불러오게 된다.

책 속에는 수많은 시각이 있고 수많은 해석이 존재한다. 때로는 다양한 시각과 해석 사이에 갈등과 마찰이 생기는데 사유는 이런 갈등과 마찰 속에서 힘들게 자란다. 공부를 할수록 자신의 시각은 수많은 해석 중의 하나일 뿐이라는 것도 알게 되고 겸손해진다. 다양한 시각이 존재하기 때문에 판에 박힌 시각에서 벗어나 다양한 관점에서 현실의 문제를 해결하려고 시도하게 된다.

그런 시도가 항상 좋은 결과를 가져오는 것도 아니고 언제나 최선의 선택이라 할 수도 없다. 하지만 다양한 관점을 전제하고 문제를 해결하는 것은 하나의 관점에서만 문제를 바라보고 해결하는 것과 큰 차이가 있다. 해결책이 하나뿐이면 실패할 경우 대안을 내놓을 수 없지만 해결책이 다양하면 실패해도 다시 시도하면서 성장할 수 있기 때문이다. 틀리거나 실패하는 것을 두려워하지 말고 질문을 던지고 공부하여 답을 찾아 현실에 적용해야 나이 들어 하는 공부의 참 의미를 찾을 수 있다.

배우고 되새기고 쓴다

기억은 연상이나 맥락을 통해 더욱 잘 기억되고 잘 떠오른다. 신체 행위가 동반된 책 읽기는 신체 행위와 함께 맥락에 놓이게 함으로써 책의 내용을 더 잘 기억하는 데 도움을 준다. 책에 밑줄을 긋는 일도 신체 행위가 동반되는 일이다. 밑줄 긋기는 일차적인 자기 해석이다. 단지 책장을 따라 글을 읽는 수동적 행위가 아니라 적극적으로 해석하며 중요한 것을 남기고 중요하지 않은 것을 지워 나가는 행위인 것이다. 밑줄을 그으면서 적극적으로 독서하면 자기 생각을 보태 쓰고 싶은 부분도 생긴다. 책을 구입하고 소장해야 하는 중요한 이유는 이렇게 밑줄을 긋고 자기 생각을 여백에 적기 위해서다.

책 여백에 직접 자기 생각이나 의문점을 적어 넣을 수도 있지만 책을 읽다가 중요한 부분을 공책이나 수첩에 적을 수도 있다. 옛 선비들은 초서抄書라고 해서 책을 읽으며 중요한 문장을 가려내 그대로 옮겨 적었다. 그대로 옮겨 적는다고는 해도 중요한 문장을 가려내면서 일차적으로 자기 해석을 한 것이다. 초서를 한 뒤에는 나름대로 소주제로 나누어 문장을 모아 보는 것도 좋다. 이렇게 주제별 수집을 염두에 둘 때는 쪽마다 절취선이 있는 3공 노트를 이용한다. 한 쪽에 하나의 주제에 맞는 문장을 옮겨 적고 그 쪽이 채워지면 절취하여 주제별로 모으는 것이다. 자료의 양이 많아지면 따로 보관하기 위한 별도의 공간이 필요하다.

손으로 쓴 것을 요약하거나 다시 분류하여 컴퓨터 문서로 정리하는 것도 좋은 방법이다. 문서로 정리해 두면 체계적으로 관리하기 쉽고 나중에 찾아보기 편리하다. 손으로 쓰고 나서 컴퓨터 문서로 정리하면 조금 번거롭기는 해도 정리하면서 다시 해석하고 자료를 한 번 더 거를 수 있기 때문에 완성도가 높아진다. 책 자체에 정리해 둘 때는 목차를 이용하는 것이 좋다. 각 목차마다 핵심 내용을 한두 문장으로 적어 두면 책의 맥락을 파악하기도 쉽고 목차 한두 쪽에 책 전체 내용을 정리하게 되어 책을 되새겨 보기에 좋다. 목차만 보아도 책 전체 내용이 머릿속에 그려진다.

좋은 책은 여러 번 반복해서 보게 되는데 자기 방식대로 표시해 두면 책을 읽을 당시의 기억이 쉽게 떠오른다. 책을 깨끗이 보관하려고 아무런 표시도 하지 않는 사람들이 있는데 그러면 책을 다시 펼쳤을 때 기억을 되살리기 어렵다. 따라서 책이 더러워지는 것이 싫어도 최소한의 표시는 해 두어야 한다. 접착식 메모지에 자기 생각을 쓰고 붙여 두면 깨끗하게 책을 유지하면서 기억을 되살릴 수 있다.

항상 펜을 들고 책을 읽는 것이 중요하다. 이동 중에 책을 읽는 경우에 펜이 없다면 떠오르는 아이디어를 적어 두기 힘든데 책 내용은 다시 읽으며 떠올릴 수 있어도 한번 머릿속을 스쳐 지나간 아이디어는 다시 떠올리기 쉽지 않다. 틈틈이 정리해 둔 자료와 자기 생각을 모아 책을 쓸 수도 있다. 예전에는 작가가 특별한 사람이었지만 요즘은 누구나 작가가 될 수 있다. 다양한 사람들이 자기 목소리를 내면서 자비 출판하는 경우도 많아졌고 책 읽기로 쌓은 내공으로 작가로 데뷔하는 경우도 흔히 볼 수 있다. 완전히 새로운 창작은 없다고 한다. 자료를 모으고 거기에 자기 생각과 관점을 명확히 하여 자료를 새로운 맥락으로 정리하는 일 자체도 창작이다. 처음부터 책 낼 욕심으로 공부하는 것이야 무리가 있지만 공부를 계속하면서 자연스럽게 결과가 책으로 엮여 나온다면 마다할 일이 아니다.

인간관계도 아이나 남편 위주로 재편되는 주부에게 공부는 인간관계를 넓혀 준다. 공부하는 공간에서 만나는 사람들, 책 속의 인물들까지 정말 다양하고 풍요롭다. 공부 공간에는 스무 살 대학생부터 쉰 살 아저씨까지 함께 모인다. 만나는 삶이 다채로우니 공부에 큰 자극이 된다. 단조로운 주부의 자리에서 다양한 벗을 사귈 수 있으니 공부는 소통이라는 말뜻을 몸소 체험할 수 있다.

한 인문학 공동체에서 첫 강의 때 각자 자기소개를 하고 참여하게 된 사연을 이야기했다. "앞에 들었던 철학 개론 강의만 들을 생각이었어요. 연속해서 열리는 이번 강의까지 듣게 될 줄은 몰랐어요. 함께 공부하는 사람들에게 힘을 얻었어요. 책이 어려워 부담되지만 지금 아니면 언제 들을까 싶어서 함께 듣는 사람들을 믿고 같이 공부하려고 참여했어요."라고 말하는 주부가 있었다. 함께 공부하면서 힘을 얻은 것이다.

공부의 길도 친구와 함께 가면 힘이 솟는다. 진심으로 공부하려는 사람, 공부에 대한 자세와 끈기를 배울 수 있는 친구면 좋다. 나와 똑같은 의견을 갖는 친구도 있고, 논리로 나를 공격해 주눅 들게 만드는 친구도 있고, 탄성을 자아내는 공부 달인 친구도 있다. 이들 모두가 좋은 공부 친구다. 같은 의견을 가진 친구가 옆에 있으면 신이 나서 더 열심히 공부하고, 나를 논리로 공격하는 친구가 있으면 반박하려고 공부한다. 공부 달인 친구를 보면 나도 그런 경지에 이르고 싶어 공부한다.

공부를 위한 공동체들이 많이 만들어져 운영되고 있다. 인문학 공부 공동체의 성격도 다양하다. 강력하게 조직되어 힘차게 공부를 몰아치는 공동체가 있는가 하면, 공동체라는 이름에 걸맞게 함께 식사하고 생활을 부분적이나마 공유하면서 소통하는 공동체도 있다. 각자 개성에 맞게 공동체를 찾아 공부하면 공부에 지속성을 가질 수 있고 함께 어려움을 극복하며 공부할 때 힘을 얻을 수 있다. 주부 입장에서는 무엇보다 접근하기 쉬운 공동체에서 공부하는 것이 좋다. 아무리 뜻이 맞고 공부의 내용과 질이 좋아도 멀리 떨어져 있거나 참여 비용이 부담되면 도중에 그만두기가 십상이다.

독서 모임에 참여하면 대화의 폭을 넓힐 수 있고 책을 읽고 난 뒤 자연스럽게 정리하는 시간을 갖게 된다. 또 내가 책 속에서 발견하지 못한 것을 다른 사람을 통해 배우게 되므로 책을 더 깊이 읽는 계기가 되고 책에서 얻는 배움도 커진다. 평소에 읽지 않는 분야의 책도 읽기 때문에 지식이 확장되어 좀 더 포괄적인 관점에서 공부를 지속할 수 있다.

독서 모임에서는 내 수준보다 조금 높은 수준의 공부에 도전해 볼 수 있다. 혼자 공부하며 매일 자기 수준에 적당한 공부만 하면 도약하기 힘든데, 주부가 하는 인문학 공부가 이런 흐름에 빠지기 쉽다. 동네 뒷산만 계속 오르면 폐활량도 체력도 동네 뒷산에 맞춰진다. 정기적으로 설악산도 오르고 지리산도 올라야 한다. 그렇게 꾸준하게 체력을 기르는 중에 가끔씩이라도 힘들다는 느낌이 들 정도로 강도를 높여야 도약이 가능하다. 몇 차례 그런 도약이 있고 나면 체력도 길러지고 폐활량도 늘어나 좀 더 높은 목표를 잡을 수 있게 된다. 인문학 공동체의 공부는 혼자 하기 힘든 어려운 공부에 도전함으로써 도약하는 좋은 계기가 된다.

인문학 공동체에서는 질문을 통해 배움의 폭이 넓어지는 장점도 있다. 인문학 공동체에서 강의를 맡은 선생님들은 어떤 질문도 수용할 자세가 되어 있다. 나이 지긋한 학생들이 살아오면서 체화된 질문임을 알기 때문에 선생님도 질문에서 배우겠다는 열린 생각을 가졌다. 무엇보다 자신이 무지함을 솔직히 인정해야만 배울 수 있다. 어리석은 질문은 없다. 질문을 참는 어리석음이 있을 뿐. 우호적인 인간관계를 바탕으로 자신의 질문을 진솔하게 드러낼 때만 함께하는 공부가 가능하기 때문에 인문학을 공부하는 많은 곳에서 스스로 공동체라고 부르는 것이 아닐까.

어떤 일에든 1만 시간을 보내면 그 일에 전문가가 될 수 있다고 한다. 당연한 이야기지만 실천하기는 쉽지 않다. 1만 시간을 하나의 일에 쏟아 붓는 것은 쉽지 않으니 성공하지 못한다고 해도 나의 열정과 노력이 부족함을 탓하고 만다. 1년 동안 1천 권의 책을 읽으면 두뇌에 질적 도약이 일어난다고 어느 책에선가 읽고 실제 가능한 일인지 궁금해졌다. 1년에 1천 권 읽기가 쉬운가? 1년에 1천 권을 읽으려면 하루에 평균 두세 권의 책을 읽어야 한다. 한 달가량 하루에 두세 권의 책을 읽어 보았다.

시간이 문제가 아니었다. 하루 두세 권을 계속해서 읽는 것이야 어떻게든 한다고 해도 정리하는 시간을 갖지 못한 채 읽은 책만 쌓여 가니 나중에는 머릿속이 뒤죽박죽이 되었다. 중요한 내용을 정리하며 읽어도 마찬가지였다. 책을 읽는 것만큼 중요한 것이 여유를 두고 책을 음미하며 내 것으로 체화해야 하는데 분량을 의식하며 읽다 보니 여유를 가지고 음미하기가 쉽지 않았다. 한 권을 반복해서 읽는 것도 아니고 매번 새로운 책을 읽으며 정리가 되지 않은 상태에서 다른 책으로 넘어간 탓에 나중에는 머리에 쥐가 났다.

새로 학습된 내용은 기존의 지식에 더해지며 맥락을 가져야 하는데, 끊임없이 새로운 정보를 집어넣기만 하면 기억

속에 단단하게 자리 잡지 못한 기억끼리 서로 섞이면서 혼란만 가중시킨다. 이런 방법이 두뇌의 질적 변화를 일으킨다고 해도 그것은 지극히 일부에 한해서일 것이다. 결국은 1만 시간의 법칙처럼 1년에 1천 권을 읽지 못하는 내 탓을 하게 되지 않을까.

그러나 가만 생각해 보면 1만 시간을 하나의 일에 쓰는 것과 1년에 1천 권의 책을 읽는 일은 질적으로 다르다는 것을 알 수 있다. 1만 시간이면 왜 질적 변화가 일어나는가? 한 번에 대단한 성취를 하려고 하지 않으면 오히려 큰 성취를 이룰 수 있기 때문이다. 1만 시간 동안 포기하지 않고 지속하려면 하루 10시간을 공부한다고 해도 1천 일을 해야 하는 것이고 최소 3년을 꾸준히 공부해야 한다. 하루 10시간씩 3년을 공부한다는 것은 그와 관련된 일을 업으로 삼거나 삼으려고 하는 경우가 아니면 현실적으로 거의 불가능하다. 결국 기간을 좀 더 길게 가져가야 한다. 하루 5시간씩 6년, 하루 2시간씩이면 최소 15년 이상이 걸리는 긴 기간의 공부다.

나에게 현실적으로 가능한 공부 시간을 찾아보자. 공부 이외에도 해야 할 자기 일을 가진 성인이라면 하루 3시간을 꾸준히 공부하는 것도 쉽지 않다. 바쁜 현대 직장인이라면 꾸준히 하루 1시간을 한다고 생각해도 좋다. 그러면 적어도 10년 이상, 길게는 수십 년을 잡아야 한다. 결국 1만 시간의 법칙에서는 누적된 시간 자체가 아니라 지속된 기간이 더 중요한 의미를 가질 수밖에 없다.

적어도 공부에서는 한 번의 폭우보다 오랫동안 한 방울씩 떨어지는 물방울의 힘이 세다. 영겁 같은 시간을 견디는 꾸준함이 있다면 똑똑 떨어지는 물방울로도 바위를 뚫을 수 있다. 더구나 빨리빨리 성과를 내라고 외치는 세상에서 10년 이상을 한 가지 일에 지속적인 관심을 갖고 실천하는 것은 그 자체가 질적인 성취다. 세상의 속도를 거부하고 힘들어도 자기 의지대로 사는 사람도 때로는 현실의 속도에 맞추거나 현실의 속도보다 빠르게 살아야 할지 모른다. 하지만 언제까지 내 리듬을 넘어서는 속도를 유지할 수 있을까? 하루 두세 권의 책 읽기는 내 리듬을 넘어서는 속도였다. 하지만 자기 리듬에 맞는 속도로도 1만 시간을 채울 수 있다. 느려도 꾸준히 가면 못 갈 곳은 없기 때문이다. 꾸준히 1만 시간을 해 나가려면 자기 기준을 세우고 자기 리듬을 찾을 수밖에 없다. 결국 1만 시간의 법칙을 공부에 적용한다면 자기 리듬을 따르되 멈추지 않고 꾸준히 읽으라는 말이 될 것이다.

크게 보고 멀리 보는 공부

삶을 제대로 살기 위해서는 삶 자체가 목표가 되어서는 안 된다. 매 순간 내 앞에 놓인 사람, 사건, 상황에 충실한 것이

III. 지금 이 자리의 공부

오히려 삶 전체를 풍요롭게 사는 방법이다. 그런 순간순간이 모여 삶 전체를 이루기 때문이다. 독서도 마찬가지다. 내 눈앞에 놓인 한 구절, 한 단락, 한 권의 책을 충실히 읽어 내는 것이 중요하다. 독서의 힘은 책을 읽는 구체적인 행위가 있은 후에야 생기는 것이다. 독서를 해서 무엇을 얻겠다, 독서의 목표를 무엇으로 삼겠다는 말보다는 지금 읽는 행위가 절실하다. 늘지 않는다고 생각될 때 멈추거나 늘지 않을지를 걱정하여 시도하지 않는다면 변화는 불가능하다. 멈추지 않고 계속한다면 분명히 도약이 있다. '계속함'이 중요하다.

많은 독서법 책에서 인문학을 공부하면 성공한다고 말한다. 하지만 인문학 공부를 해서 성공하는 것인지, 인문학 공부처럼 어렵고 까다로운 공부를 꾸준히 해내는 근기가 있는 사람이라 성공하는지는 분명치 않아 보인다. 어쩌면 인문학이 성공의 전제가 아니라 꾸준함이 성공의 전제가 아닐까? 성공이라는 목표를 설정하고 책을 읽으면 즐기기가 어렵다. '나는 왜 인문서를 읽어도 공부가 늘지 않을까? 나는 왜 성공하지 못할까?' 하는 자괴감이 들기 쉽다. 공부를 만났을 때 반짝이는 눈빛으로 기꺼이 받아들이고 즐긴다면 통찰력을 얻을 수 있다.

물론 꾸준히 성실하게 인문서를 읽으며 통찰하는 힘을 키우면 성공에 도움이 될 것이다. 그렇다고 해도 인문학 공부를 성공의 원인으로 보는 것은 위험하다. 성공이라는 목표를 설정하고 그 목표에 도달하기 위한 수단으로 인문학을 공부한다면 도중에 포기하기 쉽다. 인문학 공부는 성과가 단기적으로 가시화되기 어렵다. 인문학 공부로 통찰력을 기르는 단계에 이르려면 오랜 기간 꾸준히 공부해야 한다. 그런 과정을 통해 내공을 키운다면 마음먹기에 따라 자신이 하고 싶은 일에서 얼마든지 성공할 수 있을 것이다.

고대 철학자 탈레스는 이집트에서 천문학을 배웠다. 어느 날 밤하늘의 별을 보며 길을 걷다가 골똘히 생각에 잠겨 있던 탓에 앞을 보지 못해 그만 우물에 빠지고 말았다. 그러자 옆에 있던 탈레스의 시종이 한 치 앞도 못 보면서 하늘의 일을 알려 한다고 탈레스를 비웃었다. 얼마 뒤 탈레스는 마을에 있는 올리브기름 짜는 기계를 모조리 사용하기로 기계 주인들과 계약을 맺었다. 그리고 그해 올리브 농사가 대풍일 것을 예측하고 미리 올리브기름 짜는 기계를 독점한 덕에 큰돈을 벌었다. 철학자가 돈을 못 버는 것이 아니라 안 버는 것임을 보여 주려고 그 같은 일을 벌였던 것이다.

탈레스는 외적으로 성공한 삶보다 철학을 공부하며 내면에 충실한 삶을 자발적으로 선택한 것이 아닐까? 플라톤의 『국가』를 읽으며 2,500년 전에는 부와 명예에 대한 욕심을 부끄럽게 생각했다는 것을 알게 되었다. 한 지인은 IMF 때 '부자 되세요.' 광고를 보고 깜짝 놀랐다고 했다. 옛날에는 욕에 가까운 모독이었다는 거다. '함께, 더불어'라는 더 큰 가치가 있다면 부와 명예를 부끄럽게 느낄 수 있다. 같은 마을 사람들이 굶주리는데 나만 부유하면 부끄러운 것이 맞지 않을까? 남의 이목을 생각하고 명예를 얻으려는 삶은 초야에 묻혀 지조를 지킨 선비에게 어울리지 않는다. 모두 고만고만하게 살며 서로 의지하고 돕고 사는 곳에서 부자는 오히려 외톨이가 된다.

「여우와 신포도」라는 이솝 우화에서 여우는 먹음직한 포도를 보고 군침을 흘리지만 높이 달린 포도를 딸 수 없었다. 여우는 "저 포도는 시어서 못 먹어."라며 포기하고 돌아섰다. 나는 어렸을 때 이 이야기를 들으며 쉽게 포기하지 말고 끝까지 애써야 한다고 배웠다. 노력하면 맛있는 포도를 먹을 수 있는데 노력하지 않고 자기 합리화하는 건 어리석다고 생각했다. 그런데 정말 안 되면 마는 게 나쁜 걸까? 여우는 포도를 먹느냐 못 먹느냐에서 포도가 맛있나 맛이 없는가로 관점을 바꿨다. 포도를 먹지 않아도 여우의 삶은 그럭저럭 재미있다. 포도밭 바깥에도 할 일은 많다. 공부든 삶이든 관점을 바꿔야 한다. '성공이냐, 아니냐.'보다 '성공해서 뭐 할까.'가 더 중요한 질문인 것이다. 성공이라는 하나의 관점이 아니라 삶이라는 크고 넓은 관점에서 도전하면 인문학 공부의 참맛을 알 수 있다.

현실에서 나는 물질에 개의하지 않는 구도자와 같은 삶을 살지 못한다. 순간순간 맛있는 음식, 안락한 집을 바라고 몸은 한없이 게을러지기 일쑤다. 책 읽고 공부하기를 좋아하지만 일단 텔레비전을 보기 시작하면 몇 시간이고 넋을 잃기도 한다.

그래도 인문학 공부를 시작한 뒤에 나는 하나의 질문을 마음에 새기고 있다. '어떻게 사는 게 잘 사는 것인가?' 2,500년 전 철학자들이 물었던 질문이고 지금은 내가 묻는 질문이다. 죽을 때까지 답을 찾지 못한다 해도 질문 없이 '남 따라, 남들처럼' 사는 것보다는 조금 더 나은 삶이라 믿는다. 내 삶을 질문으로 삼은 공부를 하는 지금이 난 정말 행복하다.

3.

엄마 공부, 아이 공부

늦어도 괜찮아

늦되었기 때문에 창의력을 갖게 된 조선의 학자가 있다. 연암 박지원은 열여섯 살까지 글을 제대로 읽지 못했다고 한다. 글자를 모르지는 않았지만 양반가 자제들이 반드시 읽어야 할 고전을 많이 읽지 않았다. 결혼한 뒤에 처삼촌이 삼 년간 문고리를 걸어 잠그고 글을 가르쳤을 정도다. 그랬기에 박지원이 당시 성리학 사상에 갇히지 않고 『열하일기』를 쓸 수 있었다고 신영복 교수는 말한다. 당시 과거를 준비하는 사람들이 한결같이 구사한 문투에 갇히지 않았던 연암의 산문은 참신하고 파격적이었고 한글 필사본이 등장할 만큼 인기를 끌었다고 한다.

공부 동기가 내면에서 싹튼다면 그 힘이 가히 폭발적이다. 뒤늦게 시작한 공부에서 큰 성과를 내는 경우가 그렇다. 예전과 달리 요즘에는 때가 되면 공부한다거나 뒤늦게 공부에 빠진다는 말을 믿지 않는 것 같다. 공부할 마음이 들어 시작해도 이미 뒤처진 차이를 극복할 수 없다는 것이다. 실제로 요즘에는 뒤늦게 마음먹고 공부에 전념해서 쉽게 성과를 내지 못하는 사례를 많이 접한다. 때가 되어 공부하려면 꾸준히 책을 읽고 깊게 생각하는 습관을 들여 공부 내공을 쌓아야 하는데 요즘 아이들은 그 내공이 부족하기 때문이다. 과거에 비하면 훨씬 이른 나이에 글자를 배우고 학습을 시작하는 요즘 아이들이 그 내공이 부족한 이유는 무엇일까?

공부 내공은 서서히 젖어 들듯이 쌓인다. 내공을 기르려면 조기 교육이나 선행 학습은 지양해야 한다. 조기 교육이나 선행 학습은 앞서 나가는 것을 목표로 하는데, 앞서 나가면서 동시에 서서히 내부에 힘이 쌓이기란 대체로 불가능하다. 운동을 막 시작한 아이를 달리기 시합에 내보내는 것이 조기 교육이나 선행 학습이라면, 내공을 쌓는다는 것은 체력을 기르면서 순발력과 추진력을 기르는 기초 운동을 하는 것이다. 기초 체력을 기르지 않고 달리기 시합에 나가는 아이는 속도가 붙기 힘들고 중도에 포기하기 십상이다. 하지만 트랙에 들어서기 전에 충분히 힘을 기른 아이는 처음에는 먼저 출발

한 아이와 다소 차이가 나더라도 금세 따라잡을 수 있다.

부모는 치열한 경쟁의 경험과 쓰라린 패배의 아픔 때문에 아이가 일찍부터 앞서 나가 힘든 과정을 겪지 않기를 바란다. 자식이 힘든 길을 가지 않기를 부모가 바라는 것은 당연하다. 그러나 꼭 가야 하는 힘든 길이 있다면 부모는 자식의 곁에서 응원하는 것이 맞지 않을까? 넘어져도 일어서고 쓰러져도 다시 딛고 나아가는 것이 성장이다. 부모가 실패나 좌절을 기꺼이 받아들이고 힘든 길에서 의미를 발견하도록 돕는다면 아이는 실패에서도 성장의 힘을 끌어내고 도전을 멈추지 않을 것이다.

지능은 고정된 것이 아니다. 어느 지역의 멘사 총회에 '멍청하지는 않다는 증거'라는 슬로건이 걸렸다고 한다. 지능이 뛰어나다는 사람들이 모여 지능은 중요하지 않고 그 잣대로 사람을 구분하지 않겠다는 다짐을 보여 준 것이다. 지능은 일종의 도구다. 도구가 완벽하지 않아도 문제를 해결할 방법은 수없이 많다. 완벽한 도구만 믿다가 문제 해결 자체에 소홀한 경우도 많지 않은가. 우리는 대부분 이미 도구를 충분히 가지고 있다. 공부를 좋아하게 되면 자기가 가진 도구를 잘 활용해서 얼마든지 높은 성취를 이룰 수 있다. 아이들에게 스스로 이룬 성취가 값지다고 격려해 준다면 아이는 공부를 사랑하고 즐기며 매 순간 조금씩 나아질 것이다. 변화의 가능성이 있으면 희망도 있는 법이다.

자기 시대에 적당하게 앞선 사람은 성공하고 자기 시대보다 너무 앞선 사람은 배척당하기 쉽다고 생각했는데 그게 아닌 것 같다. 삶의 방향이 시대의 필요에 맞으면 그 사람은 성공한다. 시대의 필요에 맞지 않으면 어떤가. 자기 의미를 발견하는 삶의 방향은 사람의 숫자만큼 있는 게 아닐까? 모두 한 방향으로 갈 때만 누가 앞섰고 누가 뒤처졌다고 말할 수 있다. 한 방향만 있는 것이 아니니 앞서 가야 할 필요도 없다. 후대에 재평가되는 사람도 있고 세상의 평가에서 자유로운 삶도 있다. 세상의 평가보다 자기만의 의미를 발견하며 사는 것이 행복에 더 가까울지도 모른다. 자기가 가고 싶은 길을 갔다면 후회 없는 삶일 것이다.

자기가 가고 싶은 길을 간다 하더라도 하고 싶은 일만 하고 살 수는 없고 참고 이겨 내야 하는 일이 있다. 요리를 좋아하더라도 창의적인 레시피만 개발해선 안 되고 재료 다듬기부터 기초적인 훈련을 견뎌야 한다. 멋진 음악을 들려주려면 자기만의 악상을 떠올리는 것으로 충분하지 않고 능숙하게 연주할 수 있도록 기술을 익혀야 한다. 하지만 자기가 좋아하는 일을 할 때는 기꺼이 견딜 수 있다. 어떤 일을 잘해 내기 위해 꼭 거쳐야 하는 힘들고 고된 과정을 기꺼이 견디는 힘은 자기가 원하는 것을 이루는 과정에서 자연스럽게 나온다. 인간은 동기만 주어지면 발휘되는 지적 호기심을 가지고 있지 않은가.

아이들이 놀기 좋아하고 공부하는 것에는 흥미가 없다고 오해하기 쉽다. 왜 아이들은 자연스럽게 지적 호기심을 갖지 못하고 공부하기 싫어할까? 여러 가지 이유가 있겠지만 무엇보다 열정을 가지고 공부할 동기를 찾지 못해서다. 공부를 즐기려면 왜 이 공부를 해야 하는지 자기만의 의미를 찾아야 한다. 자기만의 의미는 공부를 하는 데 강력한 추진력이 된다. 동시에 작은 것이라도 성공 경험을 쌓아 가야 한다. 아이들의 경우에는 대부분 부모가 인정해 주는 것이 성공 경험이다. 지금 해낸 일이 무엇이고 얼마나 큰 성취인가는 별로 중요하지 않다. '집중하는 시간이 길어졌구나!', '책을 끝까지 읽었구나!', '문제를 해결하려고 정말 애썼구나!' 몇 마디 말로 충분하다. 아이는 점차 자기 내부에서 성취를 격려하고 스스로 자랑스럽게 생각하게 된다. 스스로 자랑스럽게 공부하는데 이루지 못할 성취가 있을까.

아이들은 미래에 산다

노벨 화학상 수상자인 어니스트 러더퍼드가 어느 날 밤 우연히 실험실의 불이 켜져 있는 것을 보았다. 한 학생이 뭔가를 하고 있었다. 러더퍼드가 늦은 시간에 뭘 하느냐고 묻자 학생이 일하는 중이라고 대답했다. 러더퍼드는 도대체 생각은 언제 하느냐고 학생을 나무랐다고 한다. 열심히 일한다고 칭찬하기는커녕 나무라다니 비범한 사람이라서 그런가?

딸 친구의 카톡 대화명이 '졸리다, 정말정말 졸리다.'란다. 이 아이에게 "생각을 해라."라고 말한다면 그렇게 말하는 것 자체가 폭력이란 생각이 든다. 하루 종일 공부하는 아이들에 게 생각할 시간이 따로 있을까? 학원 순례를 마치고 저녁 늦 게야 집에 돌아오는 아이들에게 생각할 기력이나 남아 있을 까? 대한민국 평균 노동 시간이 많으니 휴일을 더 늘려야 한 다는데 이 시간보다 긴 시간을 공부만 하는 아이들이다.

우리 교육은 성취도는 높으나 효율성이 떨어지는 것으로 국제적으로 유명하다. 효율성이 좀 떨어져도 그만큼 많은 시 간과 노력을 기울여 높은 성취를 이루고 있으니 긍정적으로 봐야 할까? 어쩌면 효율성보다 더 큰 문제는 학습 동기와 흥 미가 바닥에 가깝다는 것이다. 아이들이 열심히 공부하는 이 유가 자기 자신의 동기와 흥미에 의해서가 아니라 강제나 억 압에 의한 것이라는 말이다. 억지로 하는 공부는 오래 지속 되기 힘들다. 불행하다고 느끼며 공부하는데 그런 공부를 하 면 도대체 어떤 삶을 살게 되겠는가?

공부 잘하는 아이들 대부분이 의사, 판사를 지망한다. 의사 나 판사가 되려면 오랜 기간 수련해야 하고 그 과정에서 희 생하는 부분이 많기 때문에 보수나 명예 등 사회적 보상이 뒤따른다. 사회적 보상은 사람이 살아가는 데 중요한 요소임에 틀림없다. 부모는 자녀가 편하게 살기 바라는 마음에 사회적 보상이 따르는 직업을 선택하길 바라고, 아이들은 "다 너 생각해서 그런다."라는 부모의 말을 믿는다. 이 과정에서 아이의 적성이나 특기는 무시되거나 차후에 생각할 문제로 미뤄져 버린다. 어려운 수련 단계를 거치고 최종 단계에서 의사나 판사가 되기를 거부하는 경우도 늘고 있다고 하니 안타깝다.

많은 사람들이 아이와 부모 모두가 불행한 지금의 교육은 바뀌어야 한다고 생각한다. 그런데도 마지못해 남들 가는 길을 따라간다. 다 같이 한길만 가면 바꿀 방법이 없을 것 같다. 이 길 저 길 가 보고 새로운 길을 만들려면 실수도 실패도 해 보고, 좀 못해도 좋아하는 일을 해야 한다.

네덜란드에서는 추첨을 통해 의대생을 뽑는다. 성적순으로 등급을 나누고 등급별로 인원을 배분해 추첨하는 방식이다. 고교 성적이 하위권인 아이도 의대에 진학할 수 있다. 추첨에 떨어져 재수를 하고 다시 지원하면 당첨 확률이 조금 올라가기도 한다. 재수해서라도 의사가 되고 싶어 하는 열정을 인정하는 것이다. 이 제도는 의사로서의 적성이나 성향을 늦게 발견한 경우에도 기회가 주어진다는 점에서 의미가 있다. 기회가 균등하게 주어질 뿐 아니라 등급별 당첨 확률이 다르니 나름대로 공평한 제도다. 의사가 될 기회가 너무 이른 시기에 결정되지 않으므로 개인의 가능성을 최대한 살릴 수 있다. 적성에 맞는 사람이 의사가 되는 게 개인에게나 사회에 좋다.

현재 인기 있는 많은 직업이 아이들이 자라 성인이 될 미래에는 존재하지 않게 된다고 한다. 물론 예측일 뿐이다. 실제 어떤 직업이 없어지고 어떤 직업이 생겨날지는 지금 단정할 수 없다. 하지만 미래에는 사회가 더 이상 피라미드 구조가 아니라 방송이 구조가 된다는 점은 분명해 보인다. 어떤 직업이 최상위에 있고 다른 직업들이 그 아래에 층을 이루어 배열되는 것이 아니라 모든 직업에서 각각의 상위가 존재한다. 중요한 것은 어떤 직업을 갖느냐가 아니라 적응력과 관계를 맺는 능력이다.

능력을 키우는 공부, 즐기는 공부

현대 학교 교육은 전문가 교육을 목표로 하고 있다. 공자가 말하길 "군자君者는 불기不器."라고 했다. 군자는 쓰임새가 한정된 그릇과 같은 존재가 아니라는 말이다. 최근 학교 교육은 어린 나이에 진로 계획을 완성해 일찍부터 한 분야의 전문가로 키우겠다는 경향을 보이고 있다. 동양적 의미의 교양인 육성은 더 이상 학교 교육의 목표가 아니다. 인재 육성이라는 말은 아이 잘 키워서 사회에 쓸모 있는 도구를 만들겠다는 의지다. 인재라는 말이 쓸모 있는 인간, 도구적 인간을 의미한다면 거부감이 있을 수 있다.

동양적 사고에서 보면 전문가는 통합적 사고가 불가능한 바보다. 자기 분야만 알기 때문이다. 인문학 공동체의 한 철학 선생님이 독일에서 공부할 때 자녀 피부에 문제가 생겨 피부과를 방문한 적이 있다고 했다. 피부과 의사는 원인을 알 수 없다며 정밀 검사를 받아 볼 것을 권했다. 아무래도 석연치 않아 다음 날 주치의인 내과 의사를 찾았더니 모기에 물렸다고 진단했다. 주치의에게 피부과 이야기를 했더니 '전문가 바보'라고 말했다고 한다. 아이의 피부는 며칠 만에 자연스럽게 나았다고 한다.

전문가라면 모든 분야를 살필 필요가 없지만 학생 입장에서는 두루 살피며 자기가 흥미를 가질 수 있는 분야를 찾아야 한다. 호기심이 느껴지는 분야를 찾으면 독서를 통해 심화 학습을 해 나가야 한다. 교과서로 무엇을 배울 수 있냐고 이야기하는 사람도 있다. 조급하게 교과서를 외워서 시험을 치른다고 보면 교과서에서 얻을 것이 없다. 하지만 내 호기심을 끌 소재를 발견하기 위해서라면 꼼꼼히 교과서를 들여다볼 필요도 있다.

학습 능력의 중요한 문제 중 하나는 언어 능력이다. 우리 아이들은 영어로 곧잘 의사소통을 한다. 나이 든 사람이 보면 신기하고 기특하다. 반면 국어 능력은 점차 떨어진다. 언어에 대해 특별한 재능을 가졌거나 이중 언어의 환경에 자연스럽게 노출된 경우가 아니라면 대부분은 영어에 이방인임을 받아들여야 한다. 네이티브 스피커가 되는 것을 영어 공부의 목표로 삼으면 안 된다. '영어만 잘해도'의 시대는 지났다. 기업의 인사 담당자들이 토플, 텝스 고득점자에게 가산점을 주는 것은 사실이지만 다른 부분의 가산점을 넘을 정도는 아니라고 한다. 스펙으로서의 영어 점수보다 도전 의식, 창의성, 표현 능력, 이미지 등을 고려해서 사람을 뽑는다는 말이다.

언어 능력의 기초가 되는 국어 능력을 점검해야 하지 않을까? 실제로 외국인들은 원어민 발음으로 능숙하게 이야기하는 외국인보다 조금 서툴러도 흥미로운 주제를 가지고 자기 생각을 이야기하는 사람에게 매력을 느낀다고 한다. 영어 교육의 목표가 시험 잘 치르고 스펙 쌓아서 좋은 대학에 입학하고 취업을 잘하는 것이라면 달리 할 말이 없다. 그러나 언어는 무엇보다 의사소통을 위해 필요한 것이다. 의사소통은 단지 발음이 좋고 문법에 맞게 말 잘하는 것만으로 원활하게 이루어지지 않는다. 표현할 것이 많은 아이, 독창적이고 매 순간 감탄을 자아내는 생각을 하는 아이라야 자기를 잘 표현할 수 있다.

지식이나 정보를 쌓는 것만으로는 배움이 충분하게 이뤄지지 않는다. 시험을 잘 보는 요령을 익혔다고 배운 것도 아니다. 진정한 배움은 공부하면서 자기를 발견하고 성장시키는 과정이며 그 과정에서 우리는 세상에 당당히 맞서며 자기 삶을 살게 된다. 이런 공부에는 열정이 따른다. 구체적인 자기 삶에서 공부가 쓰임을 갖고 의미를 갖기 때문이다. 또한 실패를 두려워하지 않고 다방면에 도전하게 된다. 우리는 살면서 우연히 닥치는 다양한 사건을 해결해야 하기 때문에 이런 진정한 공부가 필요하다.

자아도 세상도 고정된 것으로 존재하지 않으니 변화 속에 실패하는 것을 두려워하지 않는다. 실패도 성공과 마찬가지로 지나갈 뿐이다. 따라서 작은 성공에 만족하지 않고 외부의 보상이나 성취보다 내면의 성장을 가치 있게 여긴다. 나를 변화시키는 공부는 통찰력을 기르고 안목을 넓혀 주기 때문에 포용력을 갖추게 된다.

책 읽는 엄마, 책 읽어 주는 엄마

책 읽기가 선행되지 않으면 학습은 어느 순간 한계에 부닥칠 수밖에 없다. 책은 객관적 사실 자체를 말하지 않는다. 책에는 누군가의 생각, 관점이 들어 있다. 나는 책을 읽는 구체적인 행위를 통해 책을 해석하고 저자의 관점을 수용하기도 하고 비판하기도 한다. 그 과정에서 새로운 관점이나 생각이

도출된다. 내가 읽고 해석하기 전까지 책은 하나의 대상일 뿐이다. 책에 생명을 불어넣는 것은 나다. 책 읽기는 능동적이고 창조적인 공부다.

아이에게 책을 읽어 주다가 중도 포기한 친구가 있다. 최근에 다시 "엄마가 책을 읽으며 책에 익숙한 환경을 만들어 보라."라고 권했다. 친구가 책을 소리 내어 겨우겨우 읽어 갔더니 어느 순간 책이 정말로 재미있어졌단다. 아이들에게 감동적인 구절을 이야기해 주기도 했다고 한다. 이번 어버이날에는 아이들에게 책을 선물 받았다고 자랑한다. 엄마 옆에서 책 읽는 아이들 모습을 기대하며 꾸준히 책을 읽어 보겠다고 말한다. 친구의 설렘과 기대가 고스란히 전해졌다.

나도 결혼하고 아이를 낳아 기르면서 좀처럼 책 읽을 여유를 갖지 못했다. 그래도 때때로 현실의 상황이 힘에 부치거나, 생각지도 않은 여유가 주어지면 책을 찾아 읽었다. 부모님에 대한 기억이 나를 다시 책으로 이끌었다. 책을 친구처럼 곁에 두고 소중히 여기는 부모님을 통해 '책은 뭔가 좋은 걸 담고 있다.'는 느낌을 받았다. 아이들은 부모의 말이 아니라 부모의 행동에서 배운다. 책 읽기가 중요하다고 아이들에게 말하는 부모가 책 한 번 펼쳐 보지 않는다면 아이는 그 말을 신뢰할 수 없다. 엄마의 눈빛이 책 속으로 빨려 들어가 무언가를 찾은 듯 반짝이는 모습을 지켜본 아이가 책을 사랑하지 않을 수 있을까?

책을 읽어 주는 일 또한 아이의 독서 습관을 만드는 데 결정적인 역할을 한다. 엄마가 책을 읽어 준 경험은 아이에게 중요한 독서 체험으로 기억된다. 독서 체험은 책을 눈으로 따라 읽는 행위만으로 완성되지 않는다. 체험은 행위만으로 완성되지 않고 함께한 사람, 장소, 분위기와 어울려 완성된다. '독서 체험'도 마찬가지다. 몸과 마음이 함께 기억하는 것이다. 엄마가 읽어 준 기억, 아빠가 읽어 준 기억 자체로 책은 행복한 기억이 된다. 기억할 때는 전체를 기억하거나 아니면 아무것도 기억하지 않는다고 한다. 엄마가 스스로 즐기며 읽어 주는 분위기, 엄마 옆에 나란히 앉은 따스한 느낌, 사랑을 담은 엄마의 목소리가 책의 내용과 함께 전체로 기억되는 것이다.

영어를 공부할 때 원어민의 발음을 듣는 것이 도움이 되는 것은 글에서 느낄 수 없는 분위기나 맥락이 소리로 전달되기 때문일 것이다. 또 띄어 읽는 부분, 빨리 읽는 부분, 강조하여 읽는 부분이 모두 소리로 전달되어 내용을 더 잘 이해하게 된다. 모국어에서도 듣기는 중요한 학습 방법이다. 모국어의 어려운 문법을 분석하거나 이해하지 않아도 자연스럽게 적절하고 완전한 문장을 구사하게 되는 것은 수없는 듣기를 통해서다. 책을 소리 내어 읽어 주면 글로 볼 때와 다른 재미를 느끼게 되는 이유다. 또 듣는 과정에서 문장이 가진 묘미를 알게 되고 책 읽기를 자연스럽게 습득할 수 있다.

밥상머리 공부

　우리 가족은 책을 매개로 많은 대화를 나눈다. 재미있게 읽은 책을 서로 추천하기도 하고, 책의 내용에 비춰 사회 문제를 놓고 논쟁을 벌이기도 한다. 사춘기에 들어선 아이는 가끔 논리로 나를 이기고 넘어서려고 한다. 아이와 최선을 다해 논쟁하다가 감정싸움이 되기도 했다. 끝까지 엄마를 이기려는 아이가 괘씸하다가도 아이가 몸뿐 아니라 내면도 성장하고 있음을 느끼고 기쁜 마음이 든다. 몸이 자라는 것이야 눈으로 볼 수 있지만 내면이 자라는 것은 아이와 이야기를 나눠 보지 않고서야 어찌 알까?

　『맹자』에 "활 만드는 사람은 사람이 상하지 않을까 두려워하고 방패를 만드는 사람은 사람이 상할까 두려워한다."라는 구절이 있다. 참 좋은 이야기라고 생각되어 밥을 먹으며 이야기를 꺼냈다. 큰아이가 "활 만드는 사람도 방패 만드는 사람도 무기를 만들기는 마찬가지 아닌가요? 방패가 필요한 건 전쟁을 위해서고 방패만 들고 전쟁터에 나가진 않잖아요. 방패를 만든 사람도 창을 알고 전쟁을 아는 사람이에요. 창이나 방패나 둘 다 무기라고 생각해요."라고 말한다. 작은아이가 한마디 보탠다. "그래도 창은 사람을 다치게 하지만 방패는 사람을 보호하잖아. 나는 둘 다 무기라고 해도 같은 무기는 아니라고 생각해." 다 맞는 말이다. 몸만큼 생각도 훌쩍 큰 아이들에게 배우니 즐겁다.

외국 대학에 입학한 우리나라 학생들이 겪는 어려움 중 큰 것이 토론 문화다. 경쟁 속에서 혼자 공부하는 것에 익숙한 아이들은 토론을 통해 협력하는 공부가 낯설다. 최고의 결론에 도달하는 것이 목적이 아니고 정답을 찾는 것이 목적이 아니기에 다른 사람의 질문을 들으며 자기 사유의 부족한 부분을 채우고 그 과정에서 배울 수 있다. 정답 하나 내는 것에 비하면 시간도 많이 걸리고 배우는 과정도 복잡하다. 하지만 과정 자체가 통째로 지식이 되기 때문에 하나의 답이 아니라 여러 가지 가능성을 찾는 공부를 할 수 있다.

옥스퍼드대학의 튜터링 프로그램은 교수와 학생이 1대1로 마주앉아 토론하며 학생의 아이디어를 체계적인 사유와 지식으로 발전시키는 교육 과정이다. 전문 지식을 가진 교수가 지도하기는 하지만 가정에서 어떤 주제를 놓고 하는 토론과 형식이 크게 다르지 않다. 함께 밥 먹고, 함께 울고 웃고, 함께 책을 읽고 토론한다. 가족이 함께하는 자리에 공부가 있으니 삶이 더욱 풍요로워진다.

토론하는 분위기, 궁금한 것은 언제나 묻고 함께 답을 찾아가는 가족의 문화 속에서 자란다면 그 아이는 부모에게 어떤 유산보다 큰 유산을 물려받은 셈이다. "네 생각은 무엇이니?" "다른 방법을 찾아보는 게 어때?"라는 질문을 받고 자기 생각을 발전시켜 나가고 자기가 말한 의견이 가족의 생활에서 구체적으로 실천되는 경험을 한다면 공부가 충실한 삶으로, 행복한 가족과 함께하는 시간으로 기억될 수 있다. 토마스 만은 이렇게 말했다.

나는 항상 바쁘다고 느낍니다. 그래서 내 태도와 행동이 아이들에게 남기는 인상과 내 진심 어린 노력을 믿고 살아가는 것 외에는 내가 아이들에게 해 줄 수 있는 것이 아무것도 없습니다. 모범은 가장 중요한 것입니다. 아이에게 영향을 미치는 것은 부모의 긍정적인 가르침이 아니라 집안의 분위기입니다. ─볼프강 펠처, 『내 아이를 위한 부모의 작은 철학』에서 재인용.

공부와 삶

큰아이가 어버이날 편지에 "엄마는 외할아버지, 외할머니가 일찍 돌아가셨는데도 젊은 나이에 스스로 부모 역할을 터득하신 게 정말 존경스럽고 대단하세요. 조언을 해 줄 분도 없는데 어떻게 저랑 동생을 훌륭하게 키우셨나 감탄했어요."라고 썼다. 나 스스로 부모 역할을 터득한 건 아니다. 스무살 무렵에 부모님이 돌아가셨으니 키울 만큼 키워 주셨다. 돌아가신 부모님 생각에 서글픈 어버이날, 아이에게 위로를 받으니 아이 둘 잘 키웠다고 위안한다.

가족을 잃은 경험은 내게 큰 상처로 남아 있었다. 사람들이 부모님에 대해 이야기할 때면 조용히 입을 다물거나 "부모님은 고향에 계시냐?"라고 묻는 사람에게는 그렇다고 짧게 대답했다. 상처를 담담하게 마주하기 힘들었다. 아이를 키우며 그 상처를 담담하게 마주 보게 되었다. 아이의 성장을 옆에서 함께하면서 나의 내면도 성장했기 때문이다.

인문학 공부를 하며 나는 인생의 주인이 자신임을 새삼 느꼈다. 매 순간 생생하게 살아 있음을 즐기게 되었다. 나는 아이에게 빠르고 편한 길보다는 힘들고 어려운 길을 가라고 조언한다. 힘들고 어려운 길 곳곳에 삶의 재미가 숨어 있기 때문이다. 결과보다 과정이 중요하다고 하지만 과정은 보기 힘들다. 보기 힘드니 더 애써서 과정을 보겠다고 결심해 본다. 큰아이가 시험을 치는데 끝까지 고민하다 고친 문제를 틀렸다고 한다. 끝까지 고민하고 애썼다는 아이를 칭찬해 줬다. 아이는 문제를 틀렸다는데 칭찬하는 엄마가 의아한 모양이다. "문제 하나 더 틀리면 어때? 끝까지 열심히 문제 풀고 애썼으니 엄마는 참 기쁘다." 아이도 나도 결과로부터 해방되는 순간이었다.

공부하다가 한계에 부딪치면, 아이도 공부하면서 어려움을 겪고 있구나 생각한다. 어려워서 치워 두었던 책을 나중에 다시 읽으며 재미있어지는 경험을 했기 때문에 아이도 시간이 필요하다는 사실을 알았다. 아이가 질문하면 같이 찾아 본다. 엄마도 모르는 것이 많고 그래서 계속 공부한다고 인 정하니 아이 앞에서 다 아는 척 연기할 필요가 없어졌다. 아 이에게 모르는 걸 묻기도 한다. 아이는 엄마에게 무엇을 알 려 줄 수 있다는 것에 자긍심을 느낀다. 그래서인지 아이는 모르는 것을 찾아 공부하기를 즐긴다. 학교 시험에서만 평가 받는 지식이 아니라 엄마에게 알려 주는 지식이니 자기도 뿌 듯해한다.

공부하며 찾은 나의 기준 덕에 나는 자유롭다. 남들과 비 교하며 살 필요는 없다. 가족 간에 믿음과 이해가 있고 크게 는 아니어도 매달 다른 사람을 도우며 산다. 별 볼일 없는 일 상이지만 가족이 함께하며 웃는다.

삶과 균형을 이루지 못한 책 읽기는 독이 될 수도 있다. 지 하철역 플랫폼 벤치에 한 남자가 대여섯 권의 책을 옆에 쌓 아 놓고 읽는다. 전철은 계속 지나가는데 그는 책 이외의 것 에는 전혀 관심이 없어 보인다. 그는 매일 아침 여덟 시 반에 거기 나와서 정오까지 있다가 한 시간 동안 점심을 먹고 다 시 자리로 돌아와 저녁 여섯 시까지 벤치에서 책을 읽는다고 한다. 그는 그저 읽을 뿐 다른 일은 해 본 적이 없다고도 한 다. "그 사람은 가장 이상적인 독자일까요, 가장 변태적인 독 자일까요?"라고 카리에르는 질문한다.

학창 시절 게으름 부리며 공부하기 싫어하던 '나'만 내가 아니라 한번 공부를 시작하면 몇 시간씩 주변의 소리도 듣지 못하고 집중하는 '나'도 나라는 것을 뒤늦은 공부로 알게 되었다. 가끔씩은 이만하면 나는 엄마이자 아내로서, 무엇보다 그냥 나 자신으로서도 참 괜찮은 사람이라는 생각이 들기도 한다.

책은 나에게 감동과 재미를 주고 많은 깨달음을 주지만, 그래도 삶이 먼저다. 우리 가족은 함께 삶을 꾸려 나가며 애쓰고, 애쓰는 가운데 일상의 기쁨과 슬픔을 함께한다. 그 삶 속에 작지만 큰 기쁨을 주는 책이 있다.

공부하는 엄마가 읽을 만한 책

공부 입문, 글쓰기

『책과 세계』(강유원, 살림)

우리는 책을 많이 읽는 사람이 되어야 한다는 당위성을 끊임없이 부여받으며 성장한다. 하지만 대다수의 사람은 '왜?'라는 질문에 대해서는 생각하지 못한다. 내가 왜 책을 읽는지, 어떻게 읽는 것이 좋은지에 대한 조언을 얻고 싶은 사람이라면 이 책을 읽어 보자.

『달인』(조지 레너드 지음, 강유원 옮김, 여름언덕)

당신은 새로운 일을 시작할 때 엄청난 열정을 발휘하지만 정체 상태에 이르면 극복하지 못하고 열정이 식어 버리는 편인가? 달인이 되고 싶지만 쉽게 포기한다면 그 이유는 무엇일까? 자신의 유형을 분석하고 어떻게 하면 달인이 될 수 있는지 이 책을 펼쳐 보자.

『미쳐야 미친다』(정민, 푸른역사)

불광불급不狂不及. 조선 지식인들의 내면을 사로잡은 열정과 광기를 재미있는 일화를 통해 보여 주는 책. 눈에 보이지 않는 걸음이라도 멈추지 않고 꾸준히 하는 것이 가장 중요하다는 것을 알려 준다. 아이들과 함께 읽어도 좋을 책.

『공부의 달인, 호모 쿵푸스』(고미숙, 북드라망)

마흔을 바라보는 나이에 다시 공부할 용기를 심어 준 고마운 책. 인간은 왜 공부하는가? 돈을 벌기 위해서? 좋은 학교에 진학하기 위해서? 아니다. 인간은 자신의 존재를 위해 공부해야 한다. 그렇기 때문에 죽을 때까지 공부해야 하는 것이다.

『헤르만 헤세의 독서의 기술』(헤르만 헤세 지음, 김지선 옮김, 뜨인돌)

사람들이 왜 책을 읽는지를 제대로 이해하지 못한다는 전제 아래 시작하는 책. 독서 역시 다른 취미와 마찬가지로 의무감보다는 애정을 기울이고 몰두해야 좋아하게 된다고 말한다. 빼어난 작가이면서 독서광이기도 했던 헤세에게 배우는 책 읽는 법.

『종의 기원을 읽다』(양자오 지음, 류방승 옮김, 유유)

타이완을 대표하는 인문학자가 쓴 고전 입문서. 저자는 고전은 원전으로 읽어야 제맛이라고 주장하며, 자신이 쓴 이 책은 원전의 전후 맥락을 지성사적 관점에서 짚어 봄으로써 원전으로 읽기 위한 워밍업이라고 말한다. 그러나 막상 읽어 보면 고전 한 권을 제대로 읽은 뿌듯함이 느껴진다. 교양인의 고전 읽기의 전범을 보여 주는 책.『꿈의 해석을 읽다』도 함께 읽어 보길 권한다.

『인문 내공』(박민영, 웅진지식하우스)

삶을 통찰할 때 스펙보다 중요한 것은 인문적 사고다. 그렇다면 읽고 쓰고 생각하는 인문적 사고와 삶의 통찰은 어떤 상관관계가 있을까? 인문적 사고가 없는 사람에게는 삶의 깊이와 내공이 없다고 단언하는 저자의 논리가 궁금하다면 이 책을 펼쳐 보자.

『우리 글 바로쓰기』(이오덕, 한길사)

우리말과 글을 바로쓰기 위한 안내서. 우리가 매일 쓰는 말이지만 그 속에 중국말, 일본말이 뒤섞여 우리말은 점점 퇴색되고 있다. 책을 읽다 보면 무심코 사용하는 말 속에 들어 있는 외래어가 생각보다 많음을 알게 된다.

『밤의 도서관』(알베르토 망구엘 지음, 강주헌 옮김, 세종서적)

스스로 책을 수집하면서 반세기를 보냈다고 회상하는 망구엘은 도서관을 사랑하는 방법도 배워야 한다고 말한다. 도서관의 역사뿐 아니라 소설 속 도서관에 대한 이야기까지 담겼다.

아이와 함께

『우리가 정말 알아야 할 우리 신화』(서정오, 현암사)

각각 독립된 이야기이면서 거대한 한국 신화의 틀 안에서 서로 맞물려 있는 우리 신화, 역사 속 다수 서민의 체온이 간직된 이야기를 통해 우리 문화사와 정신사의 근본을 다시 돌아볼 수 있다. 쉽고 재미있는 신화야말로 아이들에게 들려주기에 적당하다.

『기억 전달자』(로이스 로리 지음, 장은수 옮김, 비룡소)

어떤 고통도 없는 완벽한 행복에 이르기 위해, 어떤 차별도 없는 평등한 세상을 만들기 위해 극단적으로 통제되는 세상이 책 속에 펼쳐진다. 고통 없는 삶, 어떤 위험도 없는 늘 같은 상태의 편안한 삶은 행복할까? 책을 읽은 뒤 아이와 함께 토론해 보자.

『그러니까 당신도 살아』(오히라 미치요 지음, 김인경 옮김, 북하우스)

변호사인 오히라 미치요는 수많은 비행 청소년을 담당하며 그들에게서 자신의 과거를 본다. 그리고 저자는 아이들에게 누군가 자신을 믿고 자신을 위해 활동한다는 믿음을 주는 게 중요하다고 말한다. 저자의 삶이 절망을 겪는 아이들에게 하나의 모델이 될 수 있지 않을까?

『꽃들에게 희망을』(트리나 폴러스 지음, 김명우 옮김, 소담)

변화가 일어나는 동안 고치 밖에서는 아무 일도 없는 것처럼 보이지만, 나비는 만들어지고 있다. 고통스러운 삶을 이겨 내며 성장하는 우리 삶의 이야기.

『나무를 심은 사람』(장 지오노 지음, 마이클 매커디 그림, 김경온 옮김, 두레)

이익을 바라고 한 일이 아니라면 더 오랜 시간 헌신할 수 있다. 결과가 과정보다 중요하다고 생각하는 아이들에게 눈앞의 성과와 상관없이 묵묵히 행하는 일에 대해 생각해 보게 하는 계기가 된다.

『친구가 되어 주실래요?』(이태석, 생활성서사)

이역만리, 아프리카의 가난한 아이들과 함께 생활하다 요절한 이태석 신부의 아름다운 삶을 다룬 이야기. 아이들과 함께 봉사하는 삶에 대해 이야기해 보자.

『불편해도 괜찮아』(김두식, 창비)

부모로서 아이의 사춘기를 함께 겪으며 아이와 함께 성장한 경험을 바탕으로 쓴 책. 우리가 직접 경험하지 못한 삶 속의 인권 문제를 책, 영화, 드라마를 통해 이야기한다. 저자가 그랬듯이 우리도 책, 영화, 드라마 등에서 인권 문제를 찾아 온 가족이 함께 토의해 보자.

『인문학으로 콩갈다』(박연, 북하우스)

부모와 자식이 친구처럼 의사소통할 수 있는 콩가루 가족이어야 한다고 저자는 주장한다. 각 장마다 '아빠와의 대화'에서 저자가 궁금해 하는 것들에 대한 아빠의 대답을 실어 부모와 자녀의 대화와 소통을 보여 준다. 우리 가정에서도 아빠와의 대화를 시도해 보자.

『생각한다는 것』(고병권, 너머학교)

철학은 생각하는 기술이다. 삶을 가꾸기 위해서는 남들처럼, 명령에 따라, 과거에 해 오던 것처럼 생각하기를 멈추고 다시 생각하거나 달리 생각해야 한다. 철학자들과 일상의 에피소드를 통해 생각하는 기술을 구체적으로 이야기하는 책.

『책만 보는 바보』(안소영, 보림)

스스로를 책만 보는 바보라 칭했지만 이덕무는 조선 백성의 삶을 개혁하려 했던 조선 후기 실학자였다. 가난한 살림에도 책 읽기를 게을리하지 않고 친구들과 토론하며 세상을 개혁하려 했던 이덕무와 그 벗들의 이야기를 담고 있다.

책과 친해지기

『곰스크로 가는 기차』(프리츠 오르트만 지음, 최규석 그림, 안병률 옮김, 북인더갭)

"그건 나쁜 삶이 아닙니다. 의미 없는 삶이 아니에요. 당신은 아직 그걸 몰라요. 당신은 이것이 당신의 운명이라는 생각에 맞서 들고 일어나죠. 나도 오랫동안 그렇게 반항했어요. 하지만 이제 알지요. 내가 원한 삶을 살았다는 것을." 나는 지금 여기에서 원하는 삶을 살고 있는가, 아니면 곰스크로 갔어야 했을까? 이 책을 읽고 나면 나의 곰스크가 무엇인지 평생에 걸쳐 생각하게 될지 모른다. 주부들이 읽고 나서 입을 모아 추천하는 책.

『문학의 숲을 거닐다』(장영희, 샘터)

삶에 대한 긍정과 발랄한 유머, 이웃에 대한 사랑이 묻어나는 글. 생후 1년 때 앓은 척수성 소아마비로 두 다리를 쓰지 못하는 1급 장애인이자 두 번이나 암 선고를 받고 투병하다가 세상을 떠난 저자의 글로는 믿기지 않을 정도로 밝고 유쾌하다.

『인생』(위화 지음, 백원담 옮김, 푸른숲)

중국 현대사가 흥미진진한 이야기와 함께 펼쳐진다. 이야기를 따라가다 보면 어느새 중국에 대한 관심이 커졌음을 느낄 것이다. 『허삼관 매혈기』, 『제7일』과 함께 독자들의 사랑을 받아 온 위화의 작품.

『숭어의 꿈』(김하경, 갈무리)

"살다 보면 기쁨과 슬픔이, 행복과 불행이, 믿음과 배신이, 희망과 절망이 어울려 찾아오지 않던가. 한 인간 속에도 사랑과 미움이, 용기와 비겁이, 장점과 단점이 동전의 양면처럼 함께 어울려 있지 않던가. 이것이 삶의 진실이다. 오늘도 모든 평범한 인간들의 꿈이 욕망의 바다 위로 꿈틀대며 솟구친다." 노동 현장에서 노동자와 함께 숨 쉬고 느끼며 노동자들과 함께 도약한 이야기들.

『무미 예찬』(프랑수아 줄리앙 지음, 최애리 옮김, 산책자)

서양인이 본 동양적인 '담백함'의 미. 매력적인 이 책의 맛은 말로 표현할 수 없다. 그저 직접 맛보기를 권할 수밖에.

『예브게니 오네긴』(알렉산드르 세르게비치 푸시킨 지음, 석영중 옮김, 열린책들)

두 자매와 두 남자가 얽힌 사랑 이야기. 차이코프스키가 오페라로도 만든 이 작품은 '러시아 생활의 백과사전'이라는 평을 받은 운문 소설이다. 톨스토이, 도스토예프스키 같은 대가들이 스승으로 여긴 푸시킨의 대표작으로 러시아 문학에 발을 디뎌 보면 어떨까.

『행복의 정복』(버트런드 러셀 지음, 이순희 옮김, 사회평론)

철학자 러셀이 말하는 사회적 행복론. 러셀은 행복을 위해 세상과 소통하고, 사람들과 어울려 살아야 한다고 말한다. 또한 인간 본성의 단점을 지적하면서도 이를 극복할 수 있는 요소로 보고, 인간에 대한 신뢰를 잃지 않았다.

『소걸음으로 천리를 가다』(정수일, 창비)

국가보안법 위반 혐의로 감옥에 갇혔던 이슬람 학자 정수일의 옥중 편지. 남다른 삶의 이력을 가진 선생의 삶과 사회에 대한 깊은 통찰이 담겼다.

『사랑의 기술』(에리히 프롬 지음, 황문수 옮김, 문예출판사)

사랑은 즐거운 감정인가 아니면 기술인가? 사랑은 쉽게 탐닉할 수 있는 감상이 아니다. 진정한 사랑의 의미와 사랑에 도달하는 조건들을 알아본다. 저자의 다른 책 『자유로부터의 도피』도 함께 읽어 볼 만하다. 자아의 상실과 불안, 도피의 메커니즘과 함께 그 회복의 길을 제시한다.

세상을 보는 눈

『오래된 미래』(헬레나 노르베리 호지 지음, 양희승 옮김, 중앙북스)

개발, 진보, 발전은 과연 말 그대로 개발, 진보, 발전인가. 아니면 퇴행인가. 언어학자이자 사회학자인 저자가 인도 북부의 히말라야 산중에 있는 라다크에서 생활하며 라다크 사람의 변화를 관찰한 기록.

『학교 없는 사회』(이반 일리치 지음, 박홍규 옮김, 생각의나무)

병원은 건강의 장애물이고 자동차는 이동의 장애물이며 경찰은 사회 정의 실현의 장애물이라고 하면 말이 되는가. 일리치에 따르면 제도화된 학교 역시 배움의 가장 큰 장애물이다. 학교 교육이 우리 사회에 미치는 영향에 대해 다시 생각할 계기를 준다.

『저항의 인문학』(에드워드 W. 사이드 지음, 김정하 옮김, 마티)

인문학이란 무엇인가? 인문주의란 무엇인가? 나는 왜 책을 읽고, 공부하는가. 인문학을 공부하는 것이 나의 삶과 우리 사회에 어떤 영향을 미칠 수 있는지에 대해 생각거리를 던져 준다.

『마을에서 희망을 만나다』(박원순, 검둥소)

전통을 살리고 특색을 살려 공동체 복원에 애쓰는 사람들의 이야기. 개발만이 미덕인 시대, 새로운 패러다임으로 파괴된 공동체를 복원한 사람들의 이야기를 담고 있다.

『피로사회』(한병철 지음, 김태환 옮김, 문학과지성사)

21세기는 규율사회에서 성과사회로 변모했다. 사회 구성원은 성과 주체로서 스스로 자신을 경영하는 기업가로서의 변화를 강요받는다. 규율사회의 부정성이 광인과 범죄자를 양산했다면 성과사회는 수많은 우울증 환자와 낙오자를 만들어 낸다. 피로사회는 자기 착취가 일상화된 사회다. 성과주의가 만연한 피로사회에서 어떻게 벗어날 수 있을까?

『경제 성장이 안 되면 우리는 풍요롭지 못할 것인가』(C. 더글러스 러미스 지음, 최성현 김종철 옮김, 녹색평론사)

대부분의 사람들은 경제가 성장하면 우리의 삶이 나아질 것이라 믿는다. 과연 그럴까? 저자는 지금의 경제 성장을 바라보는 이들의 인식을 '타이타닉 현실주의'라고 말한다. 앞에 거대한 빙하가 있음에도 그대로 달려간다는 것이다. 물질적으로 풍요롭지만 정신적으로는 점점 더 가난해지는 우리를 돌아보기에 좋은 책.

『부채인간』(마우리치오 라자라토 지음, 허경·양진성 옮김, 메디치미디어)

열심히 일하면서도 개인이 대출의 족쇄에서 벗어날 수 없는 사회 구조적인 이유를 찾는다. 그러면서 우리가 당연시하는 화폐와 채무를 다시 생각해 보게 만든다.

『희망의 이유』(제인 구달 지음, 박순영 옮김, 궁리)

"우리가 살아 있는 모든 것들을 위해 이 세상을 더 좋은 곳으로 만들려고 매일 조금씩 노력한다면 지구의 미래에는 희망이 있습니다."

침팬지의 친구였던 제인 구달이 아프리카 밀림에서 보내는 희망의
메시지.

『조화로운 삶』(헬렌 니어링 · 스코트 니어링 지음, 류시화 옮김, 보리)

1930년대 대도시 뉴욕을 떠나 버몬트의 작은 시골로 들어가 단순 소박한 삶을 실천한 헬렌 니어링과 스코트 니어링 부부의 스무 해 시골 생활 기록. 자연 속에서 서로 돕고 기대며, 저마다 좋은 것을 생산하고 창조하는 삶의 진면목을 보여 준다. 헬렌 니어링이 쓴 『아름다운 삶, 사랑, 그리고 마무리』, 스코트 니어링이 쓴 『스코트 니어링 자서전』도 함께 읽어 보기를 권한다.

『더 나은 세상을 여는 대안 경영』(페터 슈피겔 지음, 강수돌 옮김, 다섯수레)

삶은 언제나 팍팍하고 불안하다. 이는 개인의 문제일까, 사회의 문제일까. 저자는 발상의 전환을 통해 희망을 만들어 낼 수 있다고 말한다. 사람과 사람은 물론 사람과 환경까지 서로 조화롭게 살아가는 것이 가능할까. 저자는 문제 해결의 근원으로 교육을 꼽는다.

『디지털 치매』(만프레드 슈피처 지음, 김세나 옮김, 북로드)

10년 전만 해도 사람들은 자주 쓰는 전화번호 정도는 외우고 다녔다. 그런데 이제는 집 전화번호도 기억나지 않을 정도로 뭔가를 외우려 하지 않는다. 뇌가 퇴화한 것이다. 이렇게 뇌가 퇴화한 원인은 스마트 기기 탓이다. 이 상태로 몇 년, 몇십 년이 지나면 인간의 뇌는 어떻게 될까? 저자는 특히 청소년과 어린이의 스마트 기기 사용

제한을 주장한다.

『자본주의 역사 바로 알기』(리오 휴버먼 지음, 장상환 옮김, 책벌레)

'풍요 속의 빈곤'이라는 자본주의의 역설은 왜인가? 자본주의에 대해 또 다른 통찰력을 얻을 수 있는 책. 자본주의 역사를 개괄적으로 이해하고자 하는 초학자를 위해 사회주의자가 쓴 친절한 입문서.

『속도에서 깊이로』(윌리엄 파워스 지음, 임현경 옮김, 21세기북스)

급속한 디지털의 발전으로 상실한 내면의 균형을 찾는 법. 모든 연결된 것에서 한 호흡 벗어나 멈추고, 천천히 느끼고, 생각하기. 우리 모두 아무도 디지털에서 자유롭지 않다.

『인문세계지도』(댄 스미스 지음, 이재만 옮김, 유유)

지금 세계를 움직이는 45개의 핵심 트렌드를 전 세계적 범위에서 체계적이고 시각적으로 정리한 책. 이 책을 읽으면 전 세계가 돌아가는 거시적인 맥락을 이해할 수 있다. 인포그래픽으로 한눈에 세계를 보는 지적 쾌감을 준다.

자녀 교육

『자녀 교육, 사랑을 이용하지 마라』(알피 콘 지음, 김설아 옮김, 우리가)

많은 연구 결과에 따르면 아이를 조정하기 위한 의도적인 칭찬과 조건적 사랑은 아이에게 해롭다. 중요한 것은 아이가 부모의 무조건적인 사랑을 믿는 것이다. 부모가 자신을 무조건적으로 인정하고 받아줄 거라는 믿음을 가진 아이는 도전을 두려워하지 않고 성장할 수 있다. 개입을 최소화하고 아이에게 가능한 많은 선택권을 주라.

『아이들은 왜 실패하는가』(존 홀트 지음, 공양희 옮김, 아침이슬)

교육 현장에서 진정 아는 것보다 아는 것으로 보이는 것이 중요하게 여겨지면 아이들의 타고난 지적 능력은 오히려 파괴된다고 말하는 책. 아이들이 학교에서 진정한 배움을 얻을 수 있는 길은 학교가 '거대한 잡동사니'가 되어 아이들이 각자 원하는 것을 원하는 만큼 취하게 하는 것이라고 저자는 주장한다.

『소설처럼』(다니엘 페낙 지음, 이정임 옮김, 문학과지성사)

성공이나 지식을 쌓기 위한 수단으로 책 읽기가 중시되면서 책 읽기의 순수한 즐거움은 오히려 사라지고 있는 것이 아닐까? 저자는 '책을 읽지 않을 권리'를 포함한 10가지 권리를 선언하며 희열에 가득한 책 읽기는 대가를 바라지 않는 부모의 책 읽어 주기에서 시작된다고 주장한다.

『하류지향』(우치다 타츠루 지음, 김경옥 옮김, 민들레)

요즘 아이들은 배움에서도 소비자의 자세를 잃지 않는다. 내 필요가 아니라 너희의 요구로 내가 공부하니 그에 합당한 대가를 지불하라고 주장한다. 아이들은 왜 배움을 흥정하며 일에서 도피하는 것인가. 글로벌 자본주의가 부추기는 '개성을 강조하는 교육'의 이면을 들춰 보며, 이른바 '자기 찾기'라는 이데올로기 속에 숨어 있는 함정을 들여다본다.

『양육쇼크』(포 브론슨 · 애쉴리 메리먼 지음, 이주혜 옮김, 물푸레)

칭찬, 거짓말, 자제력, 수면, 지능 등에서 기존 육아법에 이의를 제기하는 많은 연구 결과를 보여 준다.

『부모가 알아야 할 주의산만증 아이 다루기』(가버 마테 지음, 김은혜 · 김진학 옮김, 명진출판사)

스스로 주의산만증이면서 그런 아이들을 둔 부모이자 의사로서, 저자가 겪은 개인적인 경험을 통해 주의산만증에 대한 오해와 편견을 극복할 수 있는 단초를 제공한다.

『발칙하고 통쾌한 교사 비판서』(로테 퀸 지음, 조경수 옮김, 황금부엉이)

아이들을 외면한 채 사회의 요구나 편의에 의해 세워지는 교육 정책, 교사 집단의 매너리즘, 자기 아이가 불이익을 당할까 침묵하는 부모, 이 모든 것이 문제다. 교사를 비판하는 책일 뿐 아니라 학부모들에게 목소리를 내라고 요구하는 책이기도 하다.

『입시전쟁 잔혹사』(강준만, 인물과사상사)

경쟁 자체가 문제가 아니라 한번 출세하면 평생 좋은 자리와 기회를 독식하는 풍토가 문제인 만큼 차라리 '소수정예주의'의 내실화가 필요하다고 주장하는 책. 제자리걸음만 하는 교육 담론에 대해 새로운 해석과 논의가 필요하다는 점에서 읽어 봄 직하다.

『하루 15분, 책 읽어 주기의 힘』(짐 트렐리즈 지음, 눈사람 옮김, 북라인)

순수한 즐거움을 위해서만이 아니라 학교에서 배우는 모든 지식이 읽기에서 시작되므로 학습의 기초로도 책 읽기는 필수이다. 책 읽어 주는 부모가 책 읽는 아이를 만든다. 구체적인 방법을 제안한 책.

『우리 아이 12년 공부 계획』(유영호, 서해문집)

 학습 능력을 키우지 않은 상태에서 선행 학습을 하거나, 공부 시간을 늘리는 것은 장기적으로 오히려 불리하다고 주장하는 책. '기억력', '사고력'을 끌어내는 독서로 '집중력'을 기르고 장기적인 관점에서 기초 능력을 향상시켜야 하며, 아이가 정서적으로 안정감을 느낄 수 있도록 유사 확대 가족의 형태로 다양한 사람을 경험함으로써 그 안에서 자신을 이해하고 지지해 줄 사회적 지지망을 만들어야 한다고 말한다.

철학 입문

『강의』(신영복, 돌베개)

『시경』, 『주역』, 『논어』, 『장자』와 같은 대표적인 동양 고전의 명문을 소개하고, 고전의 이해를 돕는 책. 저자는 당대 사회의 당면 과제에 대한 문제의식이 고전 독법의 전 과정에 관철되어 있어야 한다고 보았다. 그는 고전 강독을 할 때 현대의 시각에서 바라본 화두가 있어야 한다고 생각한다. 옛글을 읽고 느끼는 것에 그치는 것이 아니라 현재와 미래를 모색하는 것이야말로 고전을 읽는 진정한 의미라고 말한다.

『철학과 굴뚝청소부』(이진경, 그린비)

근대부터 포스트모더니즘에 이르는 철학 사상을 알기 쉽게 정리한 책. 복잡한 철학 사상의 이해를 돕기 위해 곁들여진 사진 자료를 읽는 재미는 책에서 얻을 수 있는 덤이다.

『동양 철학 에세이』(김교빈, 동녘)

춘추전국 시대 제자백가의 사상을 쉽게 설명한 동양 철학 입문서. 우리 의식 속에 스며든 동양 사상의 원류를 찾아볼 수 있다.

『동양 철학의 유혹』(신정근, 이학사)

철학은 원래 이야기다. 이 책은 어렵고 딱딱한 동양 철학을 '이야기'라는 말랑말랑한 표현으로 바꿔서 전달한다. 동양 철학의 기본 개념을 일상의 언어로 풀어 주므로 초학자에게 유용하다.

『사기 교양강의』(한자오치 지음, 이인호 옮김, 돌베개)

방대한 양의『사기』를 어떻게 읽어야 할지 모를 때 좋은 길잡이가 되는 입문서.『사기』를 읽다 보면 수많은 인물, 지명이 등장하고 본기, 열전, 세가에 두루 걸쳐 동일한 사건이 종횡으로 나열되어 있기 때문에 갈피를 잡기가 쉽지 않다.『사기』를 이해하기 쉽게 정리한 책.

『논술과 철학 강의 1, 2』(김용옥, 통나무)

교육방송을 통해 방영된『논술세대를 위한 철학 강의』의 내용을 정리한 책. 중고생에게 알기 쉽게 철학을 설명하려고 쓰였기 때문에 편안하게 읽을 수 있다. 공부는 사물적 지식을 배우는 것이 아니라 사리적 지식을 우선해야 한다는 말이 인상적이다. 왜 공부를 해야 하는지, 왜 철학과 수학을 중고교 시절에 공부해야 하는지 궁금하다면 꼭 읽어 봐야 할 책.

『요시카와 고지로의 공자와 논어』(요시카와 고지로 지음, 조영렬 옮김, 뿌리와이파리)

요시카와 고지로의 공자 평전과 논어를 쉽게 설명한 라디오 강연을 모아 엮은 책이다. 혹시 유학과 공자에 대한 편견이 있다면 이 책을 읽어 볼 것을 권한다. 평소에 내가 알던 유학과 공자의 다른 모습을 발견할 수 있을 것이다.『논어』를 읽기 전에 일독하면 좋다.

『사유하는 도덕경』(김형효, 소나무)

『도덕경』을 철학적 사유의 텍스트로 보며 서양의 논리로 풀어 낸 책. 저자는 노자의『도덕경』을 불교와 더불어 21세기에 가장 주목받는 텍스트로 본다. 초보자에겐 다소 무거우나 기존의『도덕경』해설서와 다른 저자만의 논리를 읽는 재미가 쏠쏠하다.

『철학의 에스프레소』(빌헬름 바이셰델 지음, 안인희 옮김, 프라하)

서양의 대표 철학자 34인의 사상을 압축한 책. 한 권의 책에 철학의 탄생부터 철학의 붕괴까지 서양 철학 2,500년을 다루었다. 서양 철학의 흐름을 파악하고 싶은 독자에게 적합한 책이다. 서양 철학을 처음 접하는 독자라면 이 책으로 시작해서 공부의 폭과 깊이를 넓혀 가는 방법도 좋을 듯하다.

『서양의 지혜』(버트런드 러셀 지음, 이명숙 곽광제 옮김, 서광사)

"철학이 무엇인가 알 수 있는 유일한 방법은 스스로 철학을 해 보는 것뿐이다." 이 책은 사람들이 철학을 어떻게 해 왔는가를 보여 주는 것이 목적이다. 『러셀 서양철학사』를 읽다가 좌절했다면 사진과 그림이 함께 있는 이 책으로 책 읽는 힘을 기르자.

신화, 종교, 역사

『신화의 힘』(조지프 캠벨 빌 모이어스 지음, 이윤기 옮김, 이끌리오)

신화가 내면의 길을 잃고 헤매는 현대인이 궁극적으로 걸어야 할 길을 알려 주는 자상한 안내판이라고 주장한다. 대담 형식을 취하고 있어 읽기에 부담이 없다. 신화가 어떻게 우리 삶에 뿌리를 내렸는가를 들려준다. 여러 주부들이 강력 추천한 책.

『우리 신화의 수수께끼』(조현설, 한겨레출판)

한국 신화를 교양서로 보기 좋게 정리한 책. 유사 이래로 늘 사회적 약자였던 여성과 어린이의 입장에서 신화를 재구성한 저자의 시각에 주목할 만하다. 흥미로운 도판과 참고 사진이 많아 눈이 즐겁다.

『곰에서 왕으로—국가, 그리고 야만의 탄생』(나카자와 신이치 지음, 김옥희 옮김, 동아시아)

인간과 자연이 서로를 존중하고 호혜성의 관계를 지키며 공존해 오던 대칭적 신화 세계가 파괴되고, 인간 내부에서 일어난 변화로 인하여 '국가'와 '야만' '문명'이 동시다발적으로 탄생하는 과정을 설명한다. 인간들이 대칭성의 관계를 무너뜨리고 '야만'을 탄생시키게 되는 과정을 친절하게 들려준다. 시리즈 전체를 읽으면 더 좋다.

『세계 종교 둘러보기』(오강남, 현암사)

인류사에 큰 자취를 남겼으며 현재도 영향력을 발휘하는 세계 종교 중에서 12개를 고르고 소개한 책. 힌두교, 불교, 자이나교와 시크교, 유교, 도교, 신도, 조로아스터교, 유대교, 그리스도교, 이슬람교, 동학 등 12개 종교의 발생과 기원, 특징과 교리를 상세하게 설명한다.

『붓다는 무엇을 말했나』(데이비드 J. 칼루파하나 지음, 나성 옮김, 한길사)

불교란 무엇인가에 대해 종교적 색채 없이 객관적으로 접근하여 불교 철학의 발전 과정을 서술한 불교 철학 입문서. 비교종교학자의 시선으로 본 불교가 궁금하다면 오강남의『불교, 이웃종교로 읽다』를, 불경에서 좋은 부분을 발췌하여 번역한 책을 읽고 싶다면『불교성전』을 추천한다.

『기독교 성서의 이해』(김용옥, 통나무)

신앙과 지성의 조화를 꾀하면서 헬레니즘과 로마 문명의 전체 맥락 속에서 성서를 풀어낸 책. 이 책의 골자는 예수 그리스도로 돌아가자는 것이다. 성서의 성립 과정, 특히 교회가 자신의 이해관계에 따라 어떻게 신약 27서 체제로 확립됐는지 소상하게 서술돼 있다. 지성이 결여된 신앙으로 부작용이 양산되는 이 땅의 현실에서 기독교와『성서』를 이해하기에 좋은 입문서.

『천상의 노래』(비노바 바베 지음, 김문호 옮김, 실천문학사)

인도 경전『바가바드기타』에 대한 이야기. 힌두교 신앙에 대해, 그리고 종교와 믿음에 대해, 인간의 가치 있는 삶의 길은 무엇인가에 대해『바가바드기타』를 읽으며 성찰하는 책.

『축의 시대』(카렌 암스트롱 지음, 정영목 옮김, 교양인)

대략 기원전 900년부터 기원전 200년 사이에 세계의 네 지역에서 위대한 전통이 탄생했다. 중국의 유교와 도교, 인도의 힌두교와 불교, 이스라엘의 유일신교, 그리스의 철학적 합리주의가 그것이다. 축의 시대는 붓다, 소크라테스, 공자, 예레미야,『우파니샤드』의 신비주의자들, 맹자, 에우리피데스의 시대였다. 이 뜨거운 창조의 시기에 인류의 영적, 철학적 천재들이 개척한 새로운 종류의 인간 경험은 무엇인가. 종교나 철학, 역사, 영성에 관심이 있는 이들이 읽어 볼 만한 책.

『다시 찾는 우리 역사』(한영우, 경세원)

한국사란 무엇인가로 시작하여 고대, 중세, 근세, 근대, 현대까지 다룬 한국 통사. 평이하고 친절한 서술로 술술 읽히는 책.

『사진과 그림으로 보는 한국 현대사』(서중석, 웅진지식하우스)

1945년 이후의 한국 현대사를 다룬 책. 정치사 비중이 크긴 하지만 경제, 교육, 사회, 여성, 문학, 예술, 대중문화를 함께 기술해 현대사를 총체적으로 이해할 수 있다. 사진과 자료를 함께 읽는 즐거움이 있다.

『진순신 이야기 중국사 1~7』(진순신 지음, 이수경 · 박현석 · 전선영 옮김, 살림)

중국 삼황오제부터 모택동까지 쓴 통사로, 이야기를 듣듯이 술술 읽힌다. 오랫동안 사랑받은 진순신 『중국의 역사』의 개정판이다. 한시 원문을 실어 그 발전 과정을 알게 한 것은 이 책의 부수적인 성과다.

『거꾸로 읽는 세계사』(유시민, 푸른나무)

굵직한 사건들을 중심으로 세계 근대사를 재정리한 책. 교과서와 매스컴으로 주입된 맹목적 반공주의와 냉전 이데올로기를 교정하고 역사를 새롭게 보는 눈을 기를 수 있도록 했다. 교양서 저자로서의 글쓰기가 돋보이는 책.

『유럽 문화사 1~5』(도널드 서순 지음, 정영목 · 오숙은 · 한경희 · 이은진 옮김, 뿌리와이파리)

1800년 이후 유럽인이 문화 산물을 어떻게 생산, 유통, 소비했는지를 추적한 책. 추적 대상은 소설, 논픽션, 교과서, 자기 계발서, 신문, 정기간행물 그리고 연주회 음악, 악기, 악보 등이다. 가수, 작곡가, 연주의 대가들, 오페라, 연극, 음악의 녹음과 그것이 음악 생산을 바꾼 방식, 영화의 탄생과 20세기에 영화가 진화한 과정도 다루었다. 방송과 언론의 성장, 대중음악을 포함한 다양한 형식으로 음악이 전파되는 과정, 삽화의 역할, 인터넷의 발달 등을 다루며 지난 200년간 유럽 문화를 집대성했다.

예술

『반 고흐, 영혼의 편지』(빈센트 반 고흐 지음, 신성림 옮김, 예담)

가난과 외로움, 예술을 향한 끝없는 열정, 발작 그리고 요절. 빈센트 반 고흐는 37년의 짧고도 극적인 삶을 살면서 강렬한 작품을 남겼다. 고흐에게 삶과 예술은 어떤 것이었을까. 고흐가 동생 테오에게 보낸 편지에는 그의 복잡한 내면과 힘겨운 생활, 그림을 향한 끝없는 열정이 고스란히 담겼다.

『유럽 음악축제 순례기』(박종호, 시공사)

에세이와 사진을 통해 여행하듯 유럽의 도시들과 세계적인 공연 현장을 돌아본 책. 저자는 "세계의 모든 극장이 학교였고, 모든 도시가 또 다른 고향이었고, 예술이 존재 이유였고, 예술이 자신을 자유롭게 했으며, 관객일 때 가장 자유로웠고 가장 풍요로웠다."라고 말한다. 유럽의 축제를 알면 유럽을 알 수 있다. 특히 오페라는 유럽인들에게 영화가 나오기 전까지 가장 중요한 대중 오락물 중 하나였다. 오페라를 좀 더 알고 싶다면 『마법의 성: 오페라 이야기 1, 2』를 권한다.

『고뇌의 원근법』(서경식 지음, 박소현 옮김, 돌베개)

재일조선인 서경식의 미술 에세이. 시대와 인간이 충돌하는 장으로서의 예술을 서술했다는 점에서 교과서적인 정보 전달이나 낭만적인 예술 기행에 무게중심을 둔 예술 기행서와 다르다. 예술에서 치열함이 어떤 것인지, 진정한 아름다움이 어떤 것인지에 대해 아프고도 불편한 질문을 던진다.

『미학 오디세이 1~3』(진중권, 휴머니스트)

고대, 중세, 근현대의 시공간적 경계를 넘나들며 예술사와 철학사를 한눈에 그린다. 미학과 인문학을 읽는 새로운 재미를 맛볼 수 있는 책.

『우리 삶이 춤이 된다면』(조던 매터 지음, 이선혜·김은주 옮김, 시공아트)

일상이 멈추는 순간 삶의 이야기가 춤이 됨을 보여 주는 순간 포착 사진집. 영혼을 깨우듯 많은 것을 생각하게 해 준다.

『작은 집을 권하다』(다카무라 토모야 지음, 오근영 옮김, 책읽는수요일)

집이 짐이 되지 않도록 공허한 욕망의 짐을 내려놓고 소유의 함정에 빠지지 않고 소중한 것에 집중하는 즐거움에 대해 말한다. 차를 없애고 집을 줄여 이사하며 조금은 불편한 생활을 실험해 본다.

『사람을 닮은 집, 세상을 담은 집』(서윤영, 서해문집)

취사는 주방에서, 목욕은 욕실에서, 그렇다면 조왕 할매는 어디로 간 것일까. 오랫동안 집에 천착한 저자가 쓴 사회를 비추는 거울, 집의 역사를 말한 책.

『서양 음악사』(민은기, 음악세계)

고대 서양인들은 음악을 윤리적이면서도 과학적인 것으로 이해했다. 음악이 특별한 힘을 가지고 있는 것은 우주의 조화로운 질서가 그대로 이 지구상의 음악으로 반영되기 때문이라고 생각했다. 논리적으로 음악을 이해하려는 고대인들의 음악적 사고는 중세 음악을 거쳐 현대에 이르는 서양 음악의 발전에 결정적인 역할을 했다고 한다. 음악과 사회에 대한 통합적 관점에서 우리의 삶과 음악의 의미에 대해 생각해 본다.

『가요, 케이팝 그리고 그 너머』(신현준, 돌베개)

가요, 케이팝으로 이어지는 한국 대중음악에 대한 진지한 사유와 탐색. 지금의 주류 대중음악인 케이팝 현상과 그 파급력의 요인을 분석하고, 이에 대한 비판적 독해까지 제시한다. 1960년대부터 현재까지의 한국 대중음악의 특징과 역사의 전모를 밝혔다.

『어느 인문주의자의 과학책 읽기』(최성일, 연암서가)

스스로 과학책 애호가이며 취미 삼아 과학책 읽기를 좋아한 저자의 과학책 독서 기록. 인문학 소양을 바탕에 깐 과학 고전 안내서로도 훌륭하다. 우수한 과학책일수록 인문적이라는 저자의 말을 믿고 과학을 업으로 삼는 사람과는 다른 과학책 읽기를 따라해 볼 만하다.

『거의 모든 것의 역사』(빌 브라이슨 지음, 이덕환 옮김, 까치글방)

지난 5만 년 동안 인간이 가는 곳이면 어디에서나 놀랄 만큼 엄청난 수의 동물들이 사라졌다. 우리가 지금 무엇을 하고 현재의 활동이 미래에 어떤 영향을 미칠지 모르지만 지구는 하나이고 상황을 개선할 수 있는 지구상의 생물은 우리 인간이다. 이 책은 과학의 성과와 인간의 책임과 관련한 '거의 모든 것'의 역사를 쉽게 이야기해 준다.

『풀하우스』(스티븐 J. 굴드 지음, 이명희 옮김, 사이언스북스)

인간은 거대한 생명의 역사 속에 우연히 출현한 존재일 뿐이다. 진화는 인간이라는 정점을 향하여 일어난 것이 아니라 무성한 가지들을 가진 나무라고 저자는 주장한다. 진화는 진보가 아니라 다양성의 증가다.

『생명이 있는 것은 다 아름답다』(최재천, 효형출판)

자연계에서 인간 외에 대량으로 동족 학살을 자행하는 동물로는 개미와 벌이 있다. 모두 고도로 발달된 사회를 구성하고 사는 동물들로, 사회생물학이 여기에서 출발했다. 동물이 사는 모습을 통해 인간 사회를 돌아볼 수 있다.

『카오스』(제임스 글릭 지음, 박래선 옮김, 동아시아)

북경에서 나비가 날갯짓을 하면 한 달 뒤 뉴욕에 폭풍이 몰아친다. 카오스 이론의 '나비 효과'를 세계인에게 알린 책. 상대성 이론과 양자 역학에 이어 20세기 세 번째 과학 혁명으로 평가받은 카오스 이론을 명쾌하게 풀어냈다.

『정재승의 과학콘서트』(정재승, 어크로스)

물리학자의 세상 읽기. 과학과 전혀 어울리지 않을 것 같은 여러 학문과 세상의 이야기를 과학으로 풀어낸다. 세대를 초월해 읽을 수 있는 과학 교양서.

『파인만 씨, 농담도 잘하시네! 1, 2』(리처드 파인만 지음, 김희봉 옮김, 사이언스북스)

천재 물리학자 파인만이 겪은 여러 흥미로운 에피소드를 통해 자연스럽게 과학과 친해질 수 있는 책.

『의혹을 팝니다』(나오미 오레스케스 · 에릭 M. 콘웨이 지음, 유강은 옮김, 미지북스)

담배 산업에 대한 공격을 방어하기 위해 방대한 과학적 데이터를 개발한 사람들이 기후 문제에 대한 기업의 책임을 면하기 위해 환경 문제를 쟁점으로 삼아 논쟁을 시도한다. 기업의 용병이 되어 자기 마음에 들지 않는 과학의 신뢰를 추락시키며 의혹을 파는 과학자들의 이야기를 다뤘다. 과학은 인류에 공헌하기도 하고 권력을 쥔 개인에게 공헌하기도 한다는 냉혹한 현실을 보여 준다.

『수학 멘토』(장우석, 통나무)

세상은 카오스지만 인간의 사고는 질서를 원한다. 인간이 언어를 사용하는 이상 분석과 종합이라는 틀을 떠나서는 사고가 불가능하다. 우리가 명백히 옳다고 믿은 공리들은 다름 아닌 인간끼리의 약속일 뿐이지만 이것을 받아들이면 수학 공부의 근본 의미가 보인다. 수학을 왜 배워야 하는가라는 가장 기본적인 질문에서 수학 통합 논술에 이르기까지 수학에 관한 다양한 이야기를 흥미롭게 풀어낸다.

『화이트헤드의 수학이란 무엇인가』(알프레드 노스 화이트헤드 지음, 오채환 옮김, 궁리)

유럽에서의 나침반 사용은 중국보다 3천 년 이상 늦었다고 한다. 뒤늦은 출발에도 서구 과학이 발달한 이유는 실용 지향적 성향 때문이 아니라 추상적 이론화를 추구했던 사람들에 의한 것이라고 화이트헤드는 말한다. 러셀의 스승이면서 "서양 철학의 역사는 플라톤의 각주에 불과하다."라는 말로 유명한 화이트헤드가 보편적 수학 원리의 관점을 친근하게 소개한 책.

엄마가 참여할 수 있는 주요 인문학 공동체

김종락

최근의 인문학 붐은 대학 바깥의 인문학 공동체가 주도했다고 해도 지나친 말이 아니다. 대학 밖 인문학 공동체가 활성화한 것은 대학의 시장화와 관계가 깊다. 1990년대 이후 가속화한 대학의 시장화는 화폐로서의 교환 가치를 가지지 못한 대학 인문학을 벼랑으로 내몰았고, 이는 대학 외부 인문학 공동체의 설립으로 이어졌다. 인문학 공동체의 존재 자체가 대학 인문학의 위기에서 비롯된 만큼 여기서 수행하는 각종 활동은 제도권 인문학을 대체한다는 성격이 강했다. 1990년대 후반부터 생겨나기 시작한 인문학 공동체의 활동이 강의뿐 아니라 연구 및 지식 생산까지 포함한 것은 대학 인문학이 근저에서부터 흔들렸다는 의미다. 특히 프랑스 철학 등 우리 사회를 풍미한 담론들이 대부분 대학 바깥에서 생산, 유포됐다는 것은 대학 인문학의 한계와 폐쇄성을 드러내는 증거이기도 하다.

그러나 이후 대학 바깥의 일부 스타급 연구자들이 대학으로 흡수

되고 대학 또한 이들의 참여를 통한 충격으로 인문학의 수요에 부응하는 모습을 보이면서 적어도 외형적으로는 변화하는 양상을 보인다. 여기에다 지역 도서관이나 지방자치 단체, 상업 언론사와 백화점의 문화센터까지 다투어 인문학 강좌를 개설하면서 인문학은 가히 열풍이라고 할 만한 현상을 나타낸다. 그럼에도 비제도권 인문공동체의 활동이 다양하게 설립돼 진화한 것은 대학과 기업, 정부 주도의 인문학에 한계가 있음을 의미한다.

2000년대 초반까지 '철학아카데미'와 '수유너머', '다중지성의 정원' 정도에 지나지 않던 인문학 공동체도 '대안연구공동체', '푸른역사 아카데미', '참여연대 느티나무 아카데미', '문지문화원 사이', '길담서원' 등으로 크게 늘어났다. '수유너머'가 '수유너머N', '수유너머R', '수유너머문', '남산강학원' 등으로 분화하고 '철학아카데미'의 활동이 상대적으로 위축되는 반면 '길담서원', '대안연구공동체', '푸른역사 아카데미' 등 신생 공동체의 활동은 두드러지는 모습도 보인다. 강좌와 세미나로 대표되는 이들 공동체의 활동 또한 설립 주체만큼이나 다채롭다. 따라서 인문학 공동체의 공부에 관심이 있는 주부는 우선 이들의 홈페이지나 카페에 접속하여 개설 강좌와 세미나를 알아보는 편이 좋다.

철학에서 문화예술까지

여러 인문학 공동체의 활동에서 공통되는 것은 대학이 포기한 비판적 인문학의 강의와 연구 그리고 대안 제시다. 이를 위해 대다수 공동체가 기둥으로 세우고 있는 것은 철학이다. 상당수 인문학 공동체에서 철학 과목은 전체 강좌와 세미나의 절반에 이르고, 일부 공동체에서는 아예 철학 교실이나 대안 철학 대학이나 대학원을 운영한다. 여기서 진행하는 철학 강좌나 세미나, 스터디도 매우 다양하고 풍성하다. 인문학 입문자나 철학 입문자를 위한 강좌나 세미나에서 대학원 과정에 이르기까지 그 수준이나 난이도도 여러 가지다. 동서양의 철학 고전을 빠른 속도로 훑어가는 강좌나 세미나가 있는가 하면, 철학 고전 원전을 놓고 2년이나 강독하는 강좌도 있다. 그렇다고 이들 공동체가 참여자들을 철학 전문가로 만들자는 것은 아니다. 이들이 철학을 중심에 놓는 것은 학문과 삶의 모든 분야를 종합적으로 이해하고 판단하면서 삶과 사회에 방향을 제시할 지혜를 닦는 공부가 철학인 까닭이다. 그리고 이는 20세기 이후 갈수록 심화하고 있는 '전문가의 야만'을 완화하고 치유할 유력한 처방이기도 하다.

처음 철학 위주로 진행되던 세미나와 강좌는 전통 인문학의 영역이라 할 문학과 역사, 예술 비평 등에 더해 최근에는 영화 만들기나 드로잉, 사진, 음악 연주, 그림 그리기와 사진 찍기, 건축 등의 예술 활동에도 깊은 관심을 기울인다. 아예 공방을 만들고 목공으로 가구 만들기나 헌옷 리폼을 가르치는 곳도 있다. 여기에는 '수유너머' 계열의 초기 공동체뿐 아니라 '대안연구공동체', '길담서원', '참여연대 아카데미 느티나무' 등 신생 공동체일수록 더 열정적이다. 문학 출판사인 문학과지성사가 설립한 '문지문화원 사이'는 문학에, 역사 전문 출판사인 푸른역사가 설립한 '푸른역사 아카데미'가 역사에 중점을 두고 있는 것은 그 태생과 관계가 깊다.

그렇다고 인문 공동체의 문화예술 참여가 여기에 인문학의 옷을 입혀 그 실용성을 극대화하려는 방편은 아니다. 인문학이 인간의 근원적인 것에 질문을 던지고 해답을 추구하는 과정이라면 이는 실용성과 어느 정도 거리를 둘 수밖에 없다. 우리를 둘러싼 삶과 환경에 거리를 두지 않는 한 인간과 사회에 대한 근원적인 질문과 비판적인 성찰 자체가 불가능한 탓이다. 따라서 인문학 공동체가 예술에 인문학과 예술을 접속시킨다는 것은 상품성을 증가시키는 것이 아니라 자본화한 문화예술을 제자리로 가져다 놓는 것을 의미한다. 자본을 위한 노예 활동으로 전락한 예술에 깊이를 더하면서 인간을 위한 본래의 자리로 되돌려 놓기 위해 문화예술을 강조하는 것이다. 인문학이 지성적인 사유에 방점을 두고 있다면 예술은 감성의 자유로움을 촉진하면서 지성의 활동을 돕는 힘으로도 작용한다. 인문학 공동체가 예술 활동에 참여하는 것은 인문학을 심화하고 확장하는 방편이라고도 할 수 있다.

학생과 선생이 서로 배운다

유사 이래 지식을 유포하고 전달하는 가장 대표적이고 효율적인 수단은 강의다. 상대적으로 오랜 역사를 자랑하는 '철학아카데미' 활동의 대부분이 강의로 이루어져 있는 것도, '아트앤스터디'가 온라인 강의로 성장한 것도 이 때문이다. 하지만 강의식 인문학은 그 효율성에도 불구하고, 치열한 사유와 토론을 본령으로 삼는 인문학의 방편으로는 미진한 것 또한 사실이다. 강의라는 것이 지식을 전달하는 데는 효과적일 수 있지만 일방적, 수직적, 수동적, 주입식일 가능성이 크고 구성원의 참여 또한 쉽지 않은 탓이다. 강의의 성패가 강사 한 사람의 역량과 역할에 달려 있는 것도 문제고, 강사를 초청하기 위한 부담 또한 여간 아니다. 스타 강사와 무명 강사가 양극화하는 것은 인문학 공동체에서도 어쩔 수 없는 현실이다. 최근 일부 인문 공동체가 강의보다 세미나의 비중을 늘려 가거나 강의를 하더라도 수강생의 글쓰기와 토론에 중심을 두는 이유는 여기에 있다.

세미나는 참여자의 발제와 토론이 요체다. 강사 못지않게 참여자에게 무게를 둔다. 참여자가 각자 공부한 것을 내놓고 치열하게 토론하며 사유한다는 점에서 강사에게 거의 모든 것을 기대는 강의와 다르다. 이들 세미나에 전문 연구자가 필요 없다는 건 아니다. 텍스트는 열려 있지만, 전문 연구자의 도움을 받는 세미나와 그렇지 않은 세미나의 차이는 크다. 인문학 공동체에서 진행하는 대다수 세미나에 공부가 앞선 연구자들이 참여하는 것도 이 때문이다. 그렇다고 세미나를 이끄는 연구자가 선생이 되고, 참여자가 학생이 되는 것만은 아니다. 해당 분야의 공부를 앞서서 많이 했기 때문에 가르치는 게 많은 사람, 해당 공부를 늦게 시작했기 때문에 배우는 것이 많은 사람의 구분은 있지만, 선생과 학생, 강사와 수강생, 주인과 손님이 명확하게 구분되지 않는다. 세미나에 참여하는 한 사람 한 사람이 모두 선생이고 학생이고 강사이고 주인인 까닭이다. 주인들이 모든 것을 자율적으로 결정하는 구조이니 수평적인 건 당연하다. 비용또한 강사를 초빙하는 것보다 훨씬 저렴하다. 이런 식의 공부가 당장은 비효율적인 것 같지만 길게 보면 효율성 또한 강의 못지않다.

함께 공부하면 세상이 바뀐다

인문학 공동체들이 강의와 세미나에서 강조하는 또 하나는 참여자들의 유대와 연대다. 인문학 공동체의 세미나 참여자들이 학생, 주부, 직장인, 자영업자, 연구자 등을 망라하는 것을 보면 이들의 만남과 연대의 의미는 결코 작지 않다. 인문학 공부라는 지극히 개인적인 행위가 다양한 세대, 다양한 직업, 다양한 계층이 어우러지는 일종의 지적 참호 구축으로 이어지고, 이들이 세상을 변화시키는 실천 운동이 가능해지는 것이다.

인문학 공동체의 강좌와 세미나에서는 먹는 일을 중시한다. 아예 공동체를 코뮌으로 만들려 애쓰며 밥상 공동체를 꾸리는 정도는 아니어도 대다수 공동체는 먹는 행위를 단순하게 넘기지 않는다. 강좌나 세미나 참여자들이 돌아가며 간식을 준비하는 일도 흔하고 뒤풀이 또한 일상화돼 있다.

이들이 먹는 일을 중시하는 건 공부하면서 쌓인 스트레스를 먹는 것으로 풀거나 허기진 배를 달래는 정도를 넘어선다. 함께 토론하고 사유하고 밥을 나눠 먹은 사람들에게만 가능한 일종의 연대를 꿈꾸는 것이다. 그러면서 이들은 사유와 토론 중 이성에 묶였던 감성을 해방시키고 지성과 감성이 조화되고 양자가 서로 관계 맺기를 희망한다. 지성과 감성의 조화와 관계 맺기는 인문학 강좌나 세미나가 세상에 참여하는 것으로 나아가게 하는 동력이기도 하다.

이들의 세상 참여는 강의나 글쓰기, 출판 등의 전통적인 지식 유포 행위에 그치지 않는다. 기후 변화와 탈핵, 양극화 등 현실 사회의 이슈들이 실시간으로 강의나 세미나의 토론 주제로 선정되는가 하면 촛불 집회, 희망 버스 등 직접 행동에도 적극 나선다. 인문 공동체의 인문학 공부는 인간의 삶에 대한 비실용적이면서도 근원적인 질문에서 시작하지만 이 질문이야말로 다른 세상의 모색과 이를 향한 직접 행동의 힘이 되기도 하는 것이다.

주요 인문학 공동체 홈페이지 및 카페

길담서원 cafe.naver.com/gildam
남산강학원 www.kungfus.net
다중지성의 정원 www.daziwon.net
대안연구공동체 cafe.naver.com/paideia21
문지문화원 사이 www.saii.or.kr
문탁네트워크 www.moontaknet.com
세미나 네트워크 새움 www.seumnet.com
수유너머문 beyondm.co.kr
수유너머N www.nomadist.org
수유너머R www.commune-r.net
아트앤스터디 www.artnstudy.com
연구모임 아래 cafe.naver.com/ahrae
인문팩토리 길 www.roadfactory.kr
인문학협동조합 www.humanecoop.blog.me
자유인문캠프 www.freecamp.kr
참여연대 아카데미 느티나무 academy.peoplepower21.org
철학아카데미 www.acaphilo.or.kr
푸른역사 아카데미 cafe.daum.net/purunacademy

공부하는 엄마들: 인문학 초보 주부를 위한 공부 길잡이

2014년 8월 4일 초판 1쇄 발행
2018년 8월 24일 초판 4쇄 발행

지은이
김혜은 홍미영 강은미

펴낸이	**펴낸곳**	**등록**	
조성웅	도서출판 유유	제406-2010-000032호(2010년 4월 2일)	

	주소		
	경기도 파주시 책향기로 337, 301-704(우편번호 10884)		

전화	**팩스**	**홈페이지**	**전자우편**
070-8701-4800	0303-3444-4645	uupress.co.kr	uupress@gmail.com

	페이스북	**트위터**	**인스타그램**
	www.facebook .com/uupress	www.twitter .com/uu_press	www.instagram .com/uupress

편집	**디자인**	**독자 교정**	
이경아	김태형	이경민	

제작	**인쇄**	**제책**	**물류**
제이오	(주)민언프린텍	(주)정문바인텍	책과일터

ISBN 979-11-85152-10-3 03370

이 도서의 국립중앙도서관 출판시도서목록(CIP)은 e-CIP 홈페이지 (www.nl.go.kr/ecip)와 국가자료공동목록시스템(www.nl.go.kr/kolisnet)에서 이용하실 수 있습니다.(CIP제어번호: CIP2014022015)

이 책은 한국출판문화산업진흥원의 출판지원사업의 지원을 받아 발행되었습니다.